63歳の挑戦

カナダってなんだ！

桑村康裕
Kuwamura Yasuhiro

風媒社

セント・キャサリンズの朝焼け。バスターミナルより

森の中に家が建っているような住宅街

家の周りを飛び回るリス

ESLコースの先生（第2章7「思い出に残る先生たち」）

①ジュン

②左からイーアン、私、フィル

④お別れの食事会で。左奥からミオ、ハナノ、チャイ、私。（第2章8「料理の上手なチャイ」）

③キャット

⑤街角の古着投入ボックス。（第3章3「古着屋、古道具屋」）

⑥ここには耳の聞こえない子どもがいます。（第3章1「これは道路標識」）

⑦今では日本でもよく聞かれるようになった言葉「フード・ドライブ」。渡航中の2019年、カナダではすでにこのようなポスターが。（第3章3「あれこれの福祉活動」）

⑧バスの自転車ラック。これでバスと自転車の乗り継ぎができる。（第3章5「自転車サドル盗難事件」）

⑨フリージング・レイン（雨氷）が降り、氷でくるまれた小枝。（第2章4「諸連絡は全てメール」）

⑩4種類に分けて出すゴミ。紙袋をとばして左から、生ゴミ（緑）、紙以外の燃えるゴミ（黒）、紙（赤）、ペットボトル・空き缶（青）。（第4章1「帰国後、私は食器洗いを始めました」）

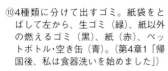

はじめに

六三歳の時です。二〇一八年九月〜二〇一九年八月の一年間、カナダへの語学留学を果たすことができました。

六〇歳で退職。在職中はかなうはずもない海外への一年間の語学留学。退職して三年が過ぎ、「チャンスが巡ってきた！」とばかり、勇躍、日本を飛び立ちました。

自ら決意した挑戦とはいえ、それはそれは苦難に満ちた一年間でした。またそれ以上に、ここでの体験は、これからの人生の貴重な財産に。それを書いてみたい、知ってもらいたいという思いで書き始めました。

「書こう！」という気持ちはあり余っていたのですが、踏ん切りがつきません。シナリオライターの芳賀倫子先生が、春日井市『日本自分史センター』で自分史相談をしておられます。思い切って申し込んだ一回目の相談日。先生は私の背中をグッと押してくださいました。その先生の手に押されて書くことができたのがこの本です。

できるだけ具体的に、その場の様子や雰囲気が伝わるように書いたつもりです。読んでいただいた方のお気持ちが、ちょっとでも弾むことがあれば、望外の幸せです。

＊　本文中の「ドル」は、特に断らない限りすべて「カナダドル（ＣＡＤ）」です。なお、円での表示は、八五円／一カナダドル、一二〇円／一米ドルで換算してあります。いずれも、渡航時のレートです。

63歳の挑戦 カナダってなんだ！ 目次

第2章　学ぶ　47

第１章　挑戦する

１　留学への想い ―京都駅。森君、行ってらっしゃい―

風であおられた「日の丸」が彼の上半身に巻き付きます。それは、アメリカ留学へ旅発つ同級生への餞別《せんべつ》。彼の広げたその旗が、新幹線ホームで風にあおられて体に巻き付いたのです。それは高校三年生の時（一九七二年）でした。見送りに来ていたのは、彼のご両親、友人のＷ君、そして私。背筋を伸ばして立ち、自信にあふれる同級生の森君。心なしか、誇らしげでもありました。別れ際に、頑張って！とばかりに、日の丸を渡したのです。

そのおよそ一年前です。アメリカへの留学試験を、同級生の三人（森君、Ｗ君、私）で受けました。ところが、合格したのは森君だけ。残る二人は無惨にも不合格だったのです。といっても、彼は高校二年生の時に、すでに英語検定（英検）一級に合格。並外れた英語力を持ち、流暢に英語を操る高校生でした。

私たちの通っていた学校は、京都市内にある中高一貫の私立ミッション・スクール。ネイティブ・スピーカーの先生が各学年に一人ずつおられましたし、先生方以外にも、外国人の職員が何人もおられました。ちなみに、校長先生もその時は外国人の神父さん。英語教育には熱心な学校で、毎年のように留学生を送り出していました。彼を見送ったという気持ちが、心の奥底にずっと潜んでいたのでしょう。それからも、いろいろな留学体験談を聞くたびに、海外で生活をしてみたいという憧れがふくらみました。

さて、この学校へ入学する前の小学校四年生の時です。当時は京都市の大徳寺の近くに住んでいました。禅宗の有名なお寺です。境内の石畳を、自転車で早朝に走っているときです。頭を丸めたお坊さんが、ある塔頭《たっちゅう》の門前を竹箒《たけぼうき》で掃除を。よくある風景です。ところがそのお坊さんはなんと外国人。「禅」には世界中からの関心が。

「あのお坊さん、外国人や！」。そこでハッとひらめきました。

「もしあのお坊さんに、『グッド・モーニング』と英語で声をかけたら、英語で返事が返ってくるだろうか？」と。ほとんどイタズラの感覚。

翌朝、やはりそのお坊さんが掃除をしています。私は意を決して、

「グッド・モーニング」

と声をかけてみました。するとなんと、

「グッド・モーニング」

という返事が返ってきたのです。うれしかった！　英語が通じたのです。これが、英語が通じたという初めての体験でした。

中学・高校では、何人もの外国人の先生と出会いましたが、そのお一人お一人が印象的でした。この方たちとの触れ合いによって、外国への関心がかき立てられました。特に印象に残っているのは、フランス系カナダ人の故プルダム先生（神父）。『顔見せ歌舞伎』も上演する京都の南座で、『白波五人男』の一人を演じられたこともあるという日本通。「神父」は英語では「ファーザー」なので、彼は「ファーザー・プルダム」です。

高校二年生の時です。英語の授業が終わり、プルダム先生はまだ教室に。質問をするために先生に歩み寄ります。先生はなにかメモを書いておられました。ここでもちょっとイタズラ心が。背後から「エクスキューズ・ミー・ファーザー」と、普段なら使わない言い方で声をかけたのです。日本人の先生相手なら、「先生！」とでも呼びかけるのでしょうか。さて、その反応は？

プルダム先生はハッとした顔でこちらを振り向き、両手を大きく広げ、「オー、イエス（↗）、イエス（↘）」と、とても抑揚のある言い方でご返事を。このような返答は想定外。私の声のかけ方は、日本語に訳すなら「恐れ入りますが、神父様」とでもいうような、たいへん丁寧な言い方だったのでしょう。大きなジェスチャーと抑揚で返答された先生。「これは丁寧な英語なんだ。英語にもいろいろな言い方があるんだ」と、何か発見したような思いでした。

英語や外国人にまつわる体験の積み重ね。私の海外生活への関心が高まります。「いつかは、海外での生活を」という夢を抱きながら、生きてきたように思います。しかし、在職中はかなうはずもありません。六〇歳で退職。いよいよそのチャンスが巡ってきました。

2 留学準備

こんなことってあるもんだ！ ―思わぬ出会い―

「カナダに留学した経験を生かして、新年度の役員を務めさせていただきます」

「えっ！　カナダ？　留学？」

それは地元ボランティア・サークルの新年度の総会。二〇一八年四月のことです。新役員が前に並んで自己紹介。その方は、やや早口に元気よく話されます。西井麻美さんです。それは、私の留学にとって、偶然とは言え決定的な出会いでした。

退職後三年目の冬。地元で学童保育のパートをしているときです。「グズグズしてはいられない。自分の体調もまずまず。高齢の義母も元気。今なら行ける。よし行こう！」という思いが募り、やっと準備を開始。『留学ジャーナル』という留学エージェントの説明会にも参加。しかし、国はどこにするのか、どこの学校にするのか、皆目見当が付きません。

その頃私は、地元の『にほんごひろば』でボランティアをしていました。外国人対象の「日本語教室」です。ここに行けば外国人に会える、英語を話すチャンスがある、と期待して秋から活動に参加。翌四月にその総会があり出席[*1]。そこで、思わぬ出会いがあったのです。西井さんという方が、「カナダに留学した経験を生かし……」と新年度の役員紹介で挨拶されたのです。突然の出会いとはいえ、「この人のお話を聞きたい！」と思った私。総会終了後に彼女を追いかけます。駐車場で彼女が車に乗るまさにその時です。ドアのすぐそこで、思い切って話しかけます。

「先ほど、『カナダへの留学経験がある』というお話をされましたが……。実は私も語学留学をしたいと思っているので、そのお話をぜひ聞かせていただけませんでしょうか」と。四日後、地元のファミリー・レストランでお会いすることに。この出会いがカナダ行き準備の実質的なスタートでした。それまでは、「アメリカにしようか、カナダにしようか。カナダの方がやっぱり安全かな」ということくらいしか考えていなかったのです。

西井さんは大きなバッグを抱え、約束の時間にお店へ来られました。彼女は、外資系の会社に一度就職した後、英語を学びたい、海外経験を積みたいという思いから、カナダに留学。カナダの大学で英語を学んだ後、「ワーキング・ホリデー」で働きながらカナダにさらに滞在。その頃の写真をたくさん見せていただきました。若くて（失礼？）元気そうな彼女がたくさん写っていました。とてもバイタリティーあふれる西井さん。しかも、留学エージェントに頼らずに留学されたとのこと。

ナイアガラの滝と遊覧船

　さて、彼女は、カナダ・ナイアガラ地方にある『ブロック大学』の「イー・エス・エル・コース」（ＥＳＬコース）[*2]に通っておられました。英語習得のための付属学校。この大学へ進学を希望する、英語圏以外の学生がここでまず英語を習得するのです。

　この大学は『ナイアガラの滝』（写真）の近くにあり、滝には「ちょっと遊びに行こう」と何度も行かれたそうです。そのＥＳＬコースには日本人が少なく、一クラスの人数も一〇～一五人だとのこと。英語を学ぶには良い環境です。西井さんのお話も楽しそうでした。それは彼女の青春であふれていました。

留学エージェントでの相談よりも、西井さんとのこの出会いが大きかったのです。選ぶとなると、たくさんの選択肢があります。その判断基準もよくわかりません。西井さんのお話を聞いて「あっ、ここいいな」というくらいの軽い思いで決めたというのが正直なところ。その後で行った、カナダ大使館（東京）地下の図書館。書棚に並ぶ膨大な、大学や語学学校の案内パンフレット。そこからあれこれ見て選ぶというのが常道なのでしょうが、そこまでの気持ちの余裕はありませんでした。

あれこれと自分でやってみたかった私。しかも、留学エージェントを使わずに留学された西井さん。本当にこんなことってあるのですね。この出会いが、私の背中をグッと押してくれました。

＊1　『にほんごひろば』は『多文化共生ひがしうら』という会の活動の一部なので、正しくは『多文化共生ひがしうら』の総会です。

＊2　イー・エス・エルというのは、「イングリッシュ・アズ・セカンド・ランゲージ（English as Second Language）」の頭文字を取ったもの。「第二言語としての英語」という意味です。

何でも、自力でやってみたい！——入学願書提出、学費送金、学生ビザ取得——

来ました！　待望の「入学許可証」がメールで送信されてきたのです。数日前に送信した入学願書。その返事です。ブロック大学が私を正式に受け入れてくれたのです。それには、学生番号、学費の内訳、登録日、学生ビザを取得するようにとの注意書きなども書かれています。

それは、五月下旬のことでした。西井麻美さんに偶然にお会いしたのは四月の中旬。具体的な大学名を聞き、留学の手がかりをつかんだものの、踏ん切りがつかず先延ばしに。ブロック大学の情報を集め始めたのは、やっと五月の中旬。出会いがあったとはいえ、やはりハードルは高かったのです。

ブロック大学をインターネットで検索し、入学案内を入手。基本情報[*1]はゲット。けれども説明が英語なので十分に理解できません。これは手助けが必要だと思い、留学エージェントR社の、無料相談に。翌日には見積もりが送られてきましたが割高なのです。無理もないのかも？

しかし、割高なエージェントに頼っての留学というのは、なぜか選びたくなかったのです。やれることは全部自分の手でやってみたい！　これが正直な気持ち。航空券の手配や保険はもちろんのこと、入学手続き、ビザの取得なども自力でやってみたかったのです。

しかし渡航予定の九月まで、あと三ヶ月。焦りました。すぐにブロック大学へ入学願書（ジェンダーは四択[*2]）を送信。すると、近日中に返信をしますという応答があったのですが、焦るあまりに催促するメールも。待つこと五日間。待望の入学許可証（写真）がメールで送られてきたのです。「やった！」。そこには「＊＊＊＊210」という学生番号も。

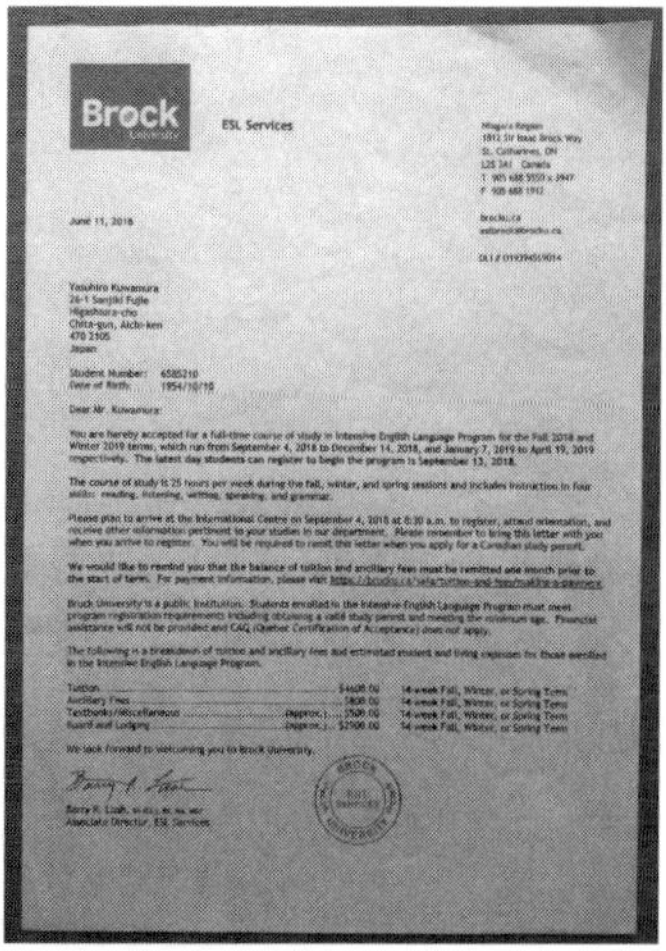

メールで送られてきた入学許可証。こんな大切な書類もメール

さて次は学費の送金です。願書提出時にクレジット・カードを使って払ったのは、三〇〇ドル（約三万五〇〇〇円）のみ。それは、願書申請料、授業料一部前払い金などです。残額は六一〇〇ドル（約五一万八〇〇〇円）。授業料、諸費、ホームステイ紹介料など。これを、入学する一ヶ月前には納入しなければなりません。外国への送金は初体験。「外国送金」のできる、メガバンクの支店[*3]が近くに見つかりました。早速出かけます。『外為《がいため》窓口』という外国為替のカウンターが店の奥の方に。そこで初めて手にした『外国送金依頼書　兼　告知書』。記入して窓口に出すと、英語のスペルが一字間違っていると指摘され訂正します。さすが、プロ。外国相手故、わずかの間違いも許されないのでしょう。そして、私の口座から学費の残額約五二万円が引き落とされました。送金は完了！　後は、先方への入金を待つだけ。そして、その七日後です。来ました！　受領確認のメールがブロック大学から。これも「やった！」です[*4]。

最後は最難関の、学生ビザの取得[*5]。インターネットですぐに取れる観光ビザは、何度か取っ

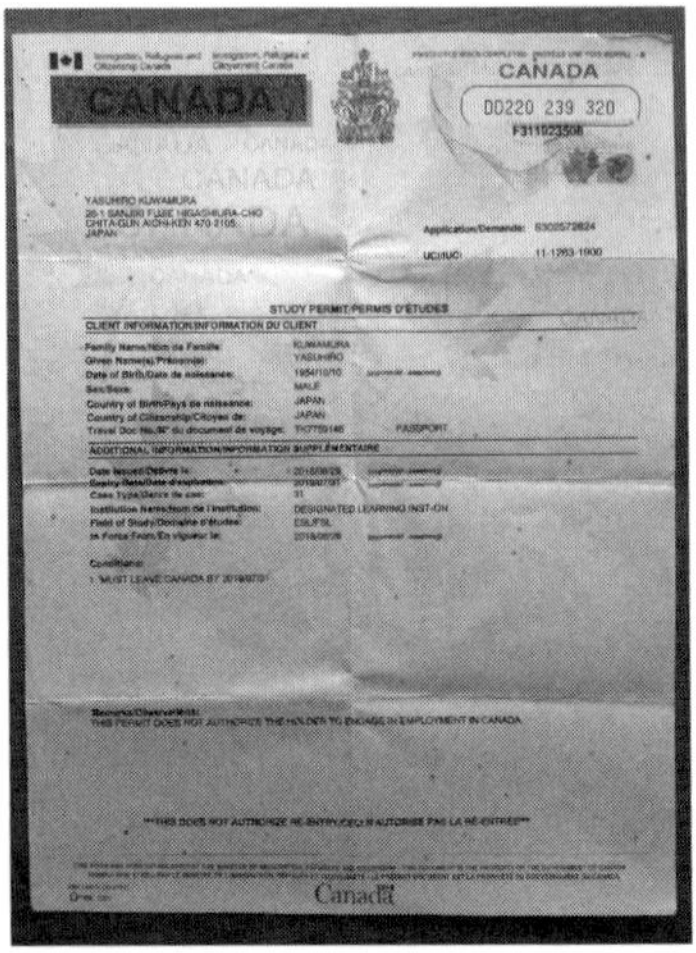

学生ビザ。そのものの受領は、カナダ入国時です

たことがあります。しかし、申請用の文書を別途送るようなビザは初体験。実は、これもエージェントに手数料（二万一〇〇〇円）を払って代行してもらうという手も。しかし、手続きの形式は決まっているはずです。やればできるのでは。しかも、自分の英語力を試してみたい。ということで自力で挑戦。

ネットで「カナダ学生ビザ」を検索しました。ラッキー！　申請手続きが細かに解説されているページがヒット。[*6]Ａ４サイズで四九ページもあったのですが、ダウンロードしてプリントアウト。この手引き書に首っ引きになり、ビザ申請書の作成を始めます。貴重な手引き書でした。

全部で七種類の書類を手探りでそろえます。[*7]準備完了！　必要な書類がすべてそろいました。「うまくいけよ！」と、申請用のホーム・ページから祈るような気持ちで送信。六月一二日のことでした。毎日のようにメールをチェックして、返事を待ちます。

来ました！　なんとその一〇日後の六月二二日です。「ビザの申請を承認した」とのメールが。「やった！　やった！　やった！」。思ったよりずっと早かったのです。慎重には慎重を重ね、「完璧な申請書を」との思いで作成しました。審査をしてくれた係官が惑うことなく、スムーズに進行したのでしょうか。

うれしさのあまり、ブロック大学ＥＳＬコースの窓口に「ビザがとれた！」とのメールを送信。なんと「コングラチュレーションズ！（おめでとう！）」という返信が。ありがたかったです。

これで、カナダ渡航に関する公式の手続きはすべて完了。なんとかここまで自力でたどり着きました。しかし、まだまだ緊張感あふれる準備がこれからも続きます。

＊１　一学期が四ヶ月ということ、その開始と終了の日付、授業内容、授業料・ホームステイ等の費用等。
＊２　入学願書の記入に当たり、早速驚くことが。それは「ジェンダー（Gender）」の欄です。なんと、四択になっているのです。願書に書いてある順番通りに並べると、「その他のジェンダー」、「女性」、「男性」、「申告せず」（「Another Gender Identity」、「Female」、「Male」、「Unreported」）。日本でも、ＬＧＢＴＱ（レズビアン、ゲイ、バイセクシュアル、トランスジェンダー、クエスチョニング）やジェンダー平等への理解や関心は急速に高まりつつあります。カナダでは二〇一八年の時点で、願書の性別欄は既にこのように。
＊３　三菱ＵＦＪ銀行・刈谷支店
＊４　お金の流れは「三菱ＵＦＪ銀行→シティバンク→ウエスタン・ユニオン・ビジネス・ソルーション→ブロック大学」。これが、大学推奨の送金方法です。

＊5　カナダは六ヶ月以内の滞在ならば「観光ビザ」でOK。それは、インターネットで簡単に取得できます。ところが、私は一年間の滞在ですので、カナダ当局（『カナダ移民・難民・市民権省』）に申請して「学生ビザ」（二〇ページの写真）の取得が必要でした。

＊6　その時にヒットしたのは『**【最新版】**カナダ学生ビザ（Study Permit：就学許可証）の申請手続き』というページで、『留学マスター』が作成しています。「カナダ留学ビザ　留学マスター」で検索してください。

＊7　この手引き書に詳しいのですが、参考のために当時のものを書いておきます。
①学生ビザ申請書（必須）、②パスポートのコピー（必須）、③入学許可証（必須）、④財務能力証明書（必須）、⑤デジタル写真（必須）、⑥一時居住ビザ申請書（任意）、⑦説明書（任意）。
①「学生ビザ申請書（必須）」の書き方は、この手引き書が詳しいです。④「財務能力証明書」とは、一年間働かなくても学校に通える資金を持っているという証明です。英文の残高証明書を三菱UFJ銀行で発行してもらいました。

薬の持ち込み

「桑村さん。ずいぶん時間をかけて書きましたよ」

開口一番、かかりつけ医の先生にこう言われました。英文の診断書をお願いし、それを受け取った時のことです。このようなことはまれだったのでしょう。また、お仲間の先生にも相談していただいたのかも。その言葉とは裏腹に、私への励ましや応援を感じながら、英文診断書の説明を聞きます。それはまた、心なしか私の渡航を祝福して下さっているかのようにも聞こえました。

それは、問題なく一年間過ごせるようにと、あれこれの準備を進めている時のことでした。調べれば調べるほど、わからないこと未知のことに次々とぶち当たります。あちこちに電話し、ネットで検索し調べまくります。その中で一番困ったのは薬の持ち込み。私は高血圧の持病があり、一六年間朝夕に薬を飲み続けています。渡航中も飲み続けなければなりません。逆に、服薬の中断は危険とも。そこで薬の持ち込みについて調べ始めました。わかった問題点は二つ。九〇日分という上限[*1]と、大量持ち込みに対する入国時のチェックです。

カナダ大使館に電話をしたのですが、英文のホーム・ページを見るようにとの返答で、直接には答えてもらえません。その英文のホーム・ページでは、よく理解できません。ほんとうに困ってしまい、契約を断った留学エージェントのR社に電話を。ところが、契約していないことを理由に、相談そのものも断られてしまいました。そうかも知れません。

なんとかしなければと調べ続けます。ありました！　英文の診断書（「薬剤証明書」）があれば持ち込めるということをネットで発見。「あの先生ならばきっと書いていただけるのでは」という思いで、英文の診断書をかかりつけ医の先生にお願いしたのです。冒頭に書いたのは、その診断書をいただいた時のこと。忘れることができません。診断書には、「一六年間この病院に通い続けている。病状は安定している。二種類の薬を毎日飲んでいる」などが書かれていました。英文だからといって、特別なお金は徴収されることもなし。ありがたかったです。入国時の税関チェックはこれでなんとかなりそう。もし、薬のことで何か問われたら、「これが眼にはいらぬか！」とばかりに、係官に見せようと思っていました。最初の九〇日分はこれを使って渡航時に直接持ち込むことに。

さて次の課題は、九〇日分を超える薬の持ち込み。次の九〇日分は船便[*2]で、その先は、九〇日分ごとを妻に郵送してもらいました。まずは船便。封筒にこの診断書を入れ、荷物の箱に貼り付けます[*3]。次に郵送分。宛名を書いた封筒を三通用意し、それにも封筒に入れたこの診断書を添付。カナダで薬を受け取った時、封筒の中の診断書が読まれた形跡がありました。きっと、それで問題なく税関を通ったのでしょう。英文診断書のおかげです。とにかく、最善を尽くしました。その甲斐あってか、返送や没収などされることなく、合わせて三九〇日分の薬をカナダに持ち込むことができ、毎日飲み続けることができました。かかりつけ医の先生にも妻にも、感謝、感謝です。この他にも、腰痛のための塗り薬や湿布を、先の船便で送りました。

このように、医薬品の持ち込みにはずいぶん気を遣いましたが、手荷物に入っていた洗口液をデトロイト空港で没収された以外は、全て無事に持ち込むことができました。

＊1　カナダの規定です。
＊2　五〇センチ四方くらいの箱で、重量制限（三〇kg）ギリギリの、二八kg少しを送りました。冬物の服や炊飯器です。ちなみに送料は、一万三四〇〇円。一ヶ月くらいで着きました。
＊3　診断書以外にも、「一年間の留学のため、大量の薬が必要」との理由書も付けました。

3　いざ出発　―早速のトラブル―

「忘れ物です。これはあなたのものですよね」

見せられたのは、私のデビット・カード。

「（えっ！　なんでこれが？）確かに私のカードです。本当にありがとうございました」

と、まだ慣れない英語で最大級の感謝の言葉を。

それは、ミネアポリス空港で、次の便を待っている時のことです。

「Yasuhiro Kuwamura, Yasuhiro Kuwamura」という空港内でのアナウンス。

「えっ、僕の名前が呼ばれている」

外国の空港で自分の名前がアナウンスされる。「なにごと?!」とビックリ。搭乗カウンターまで来るようにとのこと。

「私がYasuhiro Kuwamuraです。私の名前を呼ばれましたか？」

と、搭乗カウンターに出向きます。

さてここに来るまでに、入学許可書、学費の送金、学生ビザ、薬の手配など渡航の準備は完了し、冬物なども船便で送りました。そして八月二九日、セントレア（中部国際空港）からデルタ航空で一路カナダへ。チェックイン・カウンターでは「帰国便のチケットがないと搭乗できません」と言われました。そんなものは持っていません。滞在予定は一年間。けれども、三〇〇日先までの航空券しか買えなかったので、帰国便のチケットはカナダに着いてから購入するつもりでした。学生ビザ[*1]のおかげで、無事搭乗。通常の旅行者とは違う扱いです。

行きの便では、ちょっと遊んで遠回りを。通常は「セントレア→デトロイト→トロント」と飛ぶのですが、「セントレア→デトロイト→ミネアポリス→トロント」と飛ぶチケットを購入。この方が、時間はかかるのですが、なぜかほんの少し安かったのです。飛行機にたくさん乗れるので「ラッキー！」と思い、このチケットを。ミネアポリス経由だと、目的地のトロントからは、かなり戻ることになるのですが。

さて、そのミネアポリス空港での出来事。ここでトロント行きの便に乗り換えます。少し時間があったので、空港のATMで現金の引き出しに挑戦。以前に、ニューヨークへ一人旅をした時、ATMがすぐに使えず困ったことがありました。こういうときは、現実にお金を手にするまで、ホッとできません。ＡＴＭを操作します。思った通り、一度ではできません。二、三度試して、やっと一〇〇米ドル（約一万二〇〇〇円）を手にしました。「やった！」。早速それで軽食を。現地でお金を調達してそれを使うことが、今回の旅行で初めてできました。やはり、ちょっと安心。

そして、トロント行きの便を待ちます。とすると突然、

「Yasuhiro Kuwamura, Yasuhiro Kuwamura.……」

というアナウンス。空港内で私の名前が呼ばれたのです。カウンターに行って尋ねます。

「何でしょうか？」

「これはあなたのカードですね」

と、先ほど使ったばかりのデビット・カードを見せられたのです。「えっ、なんでこんな所に？　財布の中にあるはずなのに！」と、狐につままれたようでした。何が起こったのか？　ＡＴＭに残っていたカードを、どなたかが届けてくださったようなのです。

それは、ＡＴＭの使い方が日本とは違っていたから。日本国内のＡＴＭでは、カードをまず差し入れ、お金が出てくるとそのカードは「自動的」に吐き出され、受け取ります。ところが、先ほどのＡＴＭは違ったのです。カードを差し入れ、お金が出てきたらカードの端をつまんで、「自分」で引き出さなければならなかったのです。その時、現金を手にできたのでうれし

くなってしまい、カードをつまみ出すことを忘れたようなのです。どなたかが、その残っていたカードを空港の職員に届けてくださり、名前から私の搭乗便が割り出され、搭乗ゲートで待つ私に返すべく手配された。きっとそういうことだったのでしょう。

もし置き忘れたままだったらと思うとゾッとします。不正利用されたかも知れません。離陸後の機内で気づいていたら、持ち込んだ荷物を総ざらいして探したあげく、「見つからない！」と、空の上で慌てていたのかも。デビット・カードの紛失から始まっていたのかも知れない私の留学。今思うと本当に幸運でした。きっと、ずっと緊張していたのだと思います。重大なトラブルでした。が、女神が微笑んでくれました。

＊1　ビザそのものは、カナダでの入国審査時に発給されます（二〇ページの写真）。ここで見せたのは、「ビザ発給許可証」のような書類です。

4　ホームステイ・ハウスに到着

「部屋はここか地下ですよ」——早速の部屋選び——

チャイムを鳴らすと、ホスト・マザーのラッサミーのにこやかな出迎え。旦那さんのブンミーは外出中。挨拶が終わると、部屋を選んで下さいと言われました。一つは玄関横の元応接間、もう一つは地下の部屋。今は、この二部屋しか空いていないとのこと。どちらにしようかちょっと悩みます。

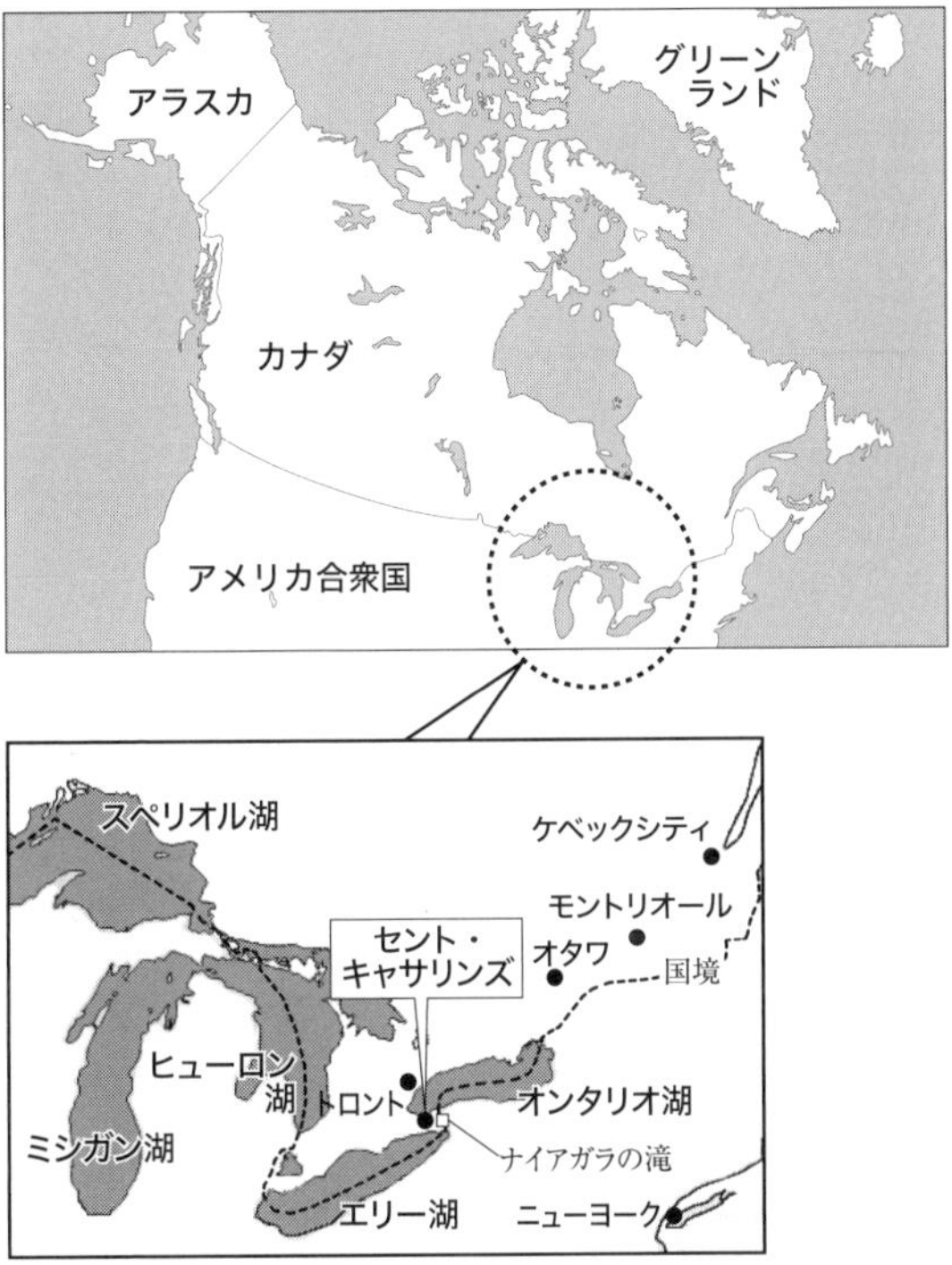

さて、これに先立ちトロントの空港に着いたのは、深夜一一時半。夜が明けるのを待ち、約一時間かけて、目的地セント・キャサリンズ[*1]（地図）に向かいました。オンタリオ湖の南西岸に面する、人口約一四万人の街です。そこまでの足は、荷物代も含め一二五・四二ドル（約一万七〇〇〇円）のナイアガラ・バス（Niagara Bus）。高い！と思ったのですが、大学推奨の交通機関なのでこれが一番いいの

だろうと思い、日本からネットで予約。小型のバスで、ホームステイ宅の玄関先まで運んでくれました。確かに便利です。[*2]

安い航空券だったので空港到着は深夜。真夜中の訪問はご迷惑かと思い、空港で夜を明かしてから出発します。トロントの空港には「国際」という名前が付いているのですが、待っていたところは人もまばら。「利用者の少ないところだなあ」と思っていました。後になって分かったのですが、そこは国内線のターミナル。ミネアポリスからの便は国内線のターミナルを使っていたのです。そんなことも知らず、やや寂しい待合所で夜明けを待ちます。ウトウトしたいのですが、スーツケース二つと手荷物が心配。チェーンで座席につないで仮眠。

夜が明けます。ナイアガラ・バスで約一時間。街に入り、ホームステイ・ハウスに近づきます。本通りを曲がって住宅街へ。その通りも二車線の道路。その両側に一戸建ての家がずらりと並んでいます。遠くまで見渡せる広々としたところ。想像はしていましたが、「さすが、カナダやなあ」と。国土が広いのです。[*3]セントレアから約三〇時間。やっとの思いでホームステイ先にたどり着きました。空港で夜を明かしたことを玄関先でラッサミーに話すと、「深夜でもよかったのですよ」との返答。

さて、部屋選びです。二部屋から選びます。まずは、地下の部屋。後で分かるのですが、カナダでは地下室は標準。実際、二軒目のホームステイ・ハウスでは、ご夫婦の寝室も居間も地下に。しかし、この時は「地下室に住むの？」と思い、ちょっと動揺。「地下牢」という言葉もあります。やはり地下室には暗い特別のイメージが。部屋を見せてもらうと、窓が小さいのです。横長の明り取りが天井近くにあるだけ。天井が地面より少し高く、その地面との隙間に作ってあるのです。しかも、地下室は寒いのでは？

もう一つの部屋は一階です。大きな窓が三つもあり開放感が。もとは応接間だったようでソファーもあります。ところが、ちょっと困ったことが。入って左側の面が壁ではなく、カーテン。隣室とはカーテンで仕切られているのです。カーテンの端は壁にピンで止めてありますが、やはり隙間から隣の部屋が見えます。「プライバシーは？」と少し不安に。

カーテンで仕切られた一階の部屋か、それとも地下室か。ラッサミーに聞いてもこの二部屋しか選択肢はないとのこと。階段を何度も上下して部屋を見比べ、「えいっ！」とばかりに一階の部屋を選びました。

＊1　カナダのオンタリオ州にある街。ナイアガラの滝西方約一五キロメートルの所で、東西は約一〇キロメートル、南北は約一三キロメートル。緯度は札幌とほぼ同じ。ちなみに、ナイアガラの滝の向こう岸は、アメリカ合衆国です。

＊2　安く上げようと思えば、「(空港)―鉄道―地下鉄―長距離バス―ローカルバス―(ホームステイ先)」と乗り継げば、四〇ドル（約三六〇〇円）。しかし、初めて来た者にはハードルの高い方法。そ

れを思うと、空港から玄関先まで運んでくれるナイアガラ・バスは、カナダに来たばかりの学生にとっては、リーズナブルな交通機関。なお、トロントとセント・キャサリンズ間のよく使われる長距離バスは「メガ・バス（Mega Bua)」。料金は、予約日や、時間帯によって変わりました。

＊3　ちなみに私の家（日本）は角地にあります。その片方の道は車が一台しか通れず、もう一方の道は、車がギリギリすれ違うことができるくらい。「カナダの人が私の家に来たら、どんな思いを持つのだろう」と考えてしまいます。生まれたときからの環境が全然違うのです。

部屋をめぐって……

「カジノにも行ったことがあるんですよ」

私の着いた翌日に、日本に帰国する法政大学の学生です。「ドキリ」としました。その頃の日本ではカジノはまだ違法。カジノを公認しようという法律が日本でも話題になり始めたばかり。まさにそのカジノがあり、成人なら行けるのです。[*1]ホームステイ先でまず出会った学生の話です。

余談ですが、そのカジノは、ナイアガラの滝のホテル街にあり、彼は儲けたこともあるとのこと。翌週のナイアガラの滝への小遠足の時に、ドキドキしながらカジノに私は入ってみました。帰国直前には、ちょっと危険だとは思いながらも、カナダに来てくれた妻と一緒に行って遊んでみました。百聞は一見にしかずです。実は、すこしだけ勝ちました。ハマリ込むということにはなりませんでしたが。

そのホームステイ・ハウスにはすでに三人の学生がいました。いずれもＥＳＬコースの学生。一人はこの法政大学の学生。他の二人は韓国からの学生で、彼女たちは二階の一部屋に。法政の学生は、帰国間際の忙しいときに、大切なことを三つ教えてくれました。市営バスのアプリ[*2]、洗濯機・乾燥機の使い方[*3]、携帯電話のおすすめ会社[*4]です。これから生活していくのに、どれも大切な情報でした。感謝、感謝です。

さて、このホームステイ・ハウスのご夫婦は、ラオスとタイから四〇年前に移民してこられ、カナダではずいぶん苦労されたとのこと。旦那さんのブンミーは、仕事が終わってからトロントに車で通い、技術者の資格を取られました。高速道路が渋滞すると、帰宅が深夜一一時になることも。ダウンタウン（街の中心部）のアパートに以前は住んでおられました。そこでは自転車を盗まれた経験もあるとのこと。娘さんが三人おられ、お一人はブロック大学の警備の仕事。ちょっと驚いたのは、彼女の旦那さんは「タトゥー（入れ墨）の彫り師」。

アジア系のご家庭なので、ご飯、麺類、スープもよく食卓に上り、食べやすい食事。ただ、量がやや少なかったせいか、体重が一ヶ月で二キロ減。体重が減ることは歓迎だったので、苦にはなりませんでしたが。

このご夫婦は熱心なキリスト教徒で、日曜日には欠かさずミサに行っておられました。関心があったので、着いた週の日曜日にミサに連れて行ってもらいました。ラオス、タイの方たちで力を合わせて作った教会のようで、一〇人くらいが集まって来られました。そこでの会話は、母国語（ラオス語、タイ語）を使っておられたのでしょうか。ミサが始まる前に、初めて英語で自己紹介を。隣に座っていたラッサミーの持つ聖書は、コロンコロンとした丸い文字で書かれていました。ラオス語かタイ語なのでは。

外見は決して立派な教会ではありません。ブンミーはそこのトイレをボランティアで修理したことがあるとのこと。また、毎週水曜日の夕方には、子どもたちに聖書を教えるために教会へ。この教会は、ラオス、タイから来た人たちの心の拠り所だったのでは。同じ言葉や文化の人たちが母国語の聖書の周りに集い、移民としての苦労を分かち合い、支え合う。その拠点がこの教会ではなかったのでしょうか。

さて、さらにこんなことが。私が着いて後、新入生があと二人到着。先に着いた学生は、帰国した法政大学の学生がいた部屋へ。もう一人の学生は、残っている地下の部屋に入りました。ところがです。「地下の部屋しかないのなら、ホームステイ・ハウスを変わる」と言い出したらしく、この学生は二階の部屋に移ったのです。「あれっ、一部屋しかなかったのでは？」と、ちょっと複雑な気持ちに……。この胸の内をどのようにラッサミーとブンミーに話そうかと思い、ずいぶん思い悩みました。結局、話さず終い。思い切って話していれば、違った展開にも。

胸の内を話すことの困難さ。早速に体験した、言葉の壁でした。ただそれとは別に、カーテンの件はどうしても気になります。そこで、ＥＳＬコースの担当者に相談。次のホームステイ先を探してもらい、一ヶ月後には変わることに。

＊1　その後法律が変わり、今では候補地を選ぶ段階になってしまっています。
＊2　バスのアプリは「SC Transit」。セント・キャサリンズの公共交通機関は市営バス。車を持たない者には必須の、便利な「足」。教えてもらったアプリはとても優れもの。最寄りのバス停までの徒歩での時間、待ち時間、バスが今経路のどこを走っているかまで分かりました。
＊3　洗濯機と乾燥機は、電気代の安い平日の夜か土・日に使うようにとのこと。
＊4　おすすめの携帯電話会社はファィドゥー（Fido）。早速お店に言って翌日に契約。これも帰国するまでの一年余りずっとお世話になりました。

5　開講日までのあれこれ

銀行口座を開設し、日本から送金

「やった！」。現地の銀行の電子通帳に、22,000CAD（カナダ・ドル）の数字が並んでいます。日本の銀行口座から送金したお金です。資金の移動が成功したのです。

カナダ到着後、現地の銀行口座をすぐに開き、日本の口座にあるお金をパソコンを使って移動。操作をしたのは、八月三一日（金）のこと。それからは、入金されるのを今か今かと待っていました。九月三日（月）。それが、ついに入金されたのです。これから必要な学費・生活費等です。

必要なお金は、カナダの銀行から引き出して使おうと思っていました。というのは、持ち込んだ日本のデビット・カードで現金を引き出そうとすると、三％の手数料が必要。学費を始めさらに二五〇万円くらいの支出を予定していたので、その全額をデビット・カードで引き出すと手数料だけで七万五〇〇〇円。「手数料だけでそんなに取られてはかなわん！」と。そこで、日本からまとまったお金を現地の銀行口座に送金しておき、そこから引き出すことに。そうすれば手数料は不要。[*1]しかし、日本からの送金を受け入れるためには、カナダの銀行口座をまず開設しなければなりません。

大学構内に銀行の窓口があると西井さんから聞いていました。その窓口で口座の開設ができないものかと、到着した翌日にブロック大学へ。開講は翌週の火曜日なので、下見もかねています。初めての景色や建物をながめながら、徒歩で大学へ。広大な敷地なのでどこからでも入れます。たどりついた校舎にとにかく入ります。すると、目の前に銀行の窓口が。[*2]聞いていた銀行に早速出会ったのです。口座の開設へ窓口へ一目散。

着いたばかりで英語のやりとりが不安だったのですが、ともかくもやってみようと挑戦。この大学にはインターンシップの制度があり、それを使って働いている学生風の行員が対応してくれました。別室での一対一の対応です。

無理矢理突破した！というのが正直なところ。今思うと冷や汗ものです。住所などの基本情報の受け答えはスムーズに進行。しかし、それからは選択肢がいろいろあり、一つ一つ質問されます。だいたいの理解で適当に答えて先へ。ところが、あるところの説明が良くわかりません。ある単語の意味を取り違えていたようなのです。私に不利にならないようにと進めてくれたのだと思います。やっとのことで口座を開設し、デビット・カード（写真）を手にしました。

口座が開設でき、これから生活していく上での大切なステップを乗り越えることができました。ところが、実はこれからが本番。日本の銀行口座からカナダの銀行口座への資金移動が目的。外国の銀行口座を持つなど、そもそも人生初めての経験。むろん、このような送金も初めてです。帰宅して、三菱UFJ銀行の外国送金のページを開き、送金手続きをさっそく実行。この操作は案外スムーズに完了。私のお金が、日本の銀行口座

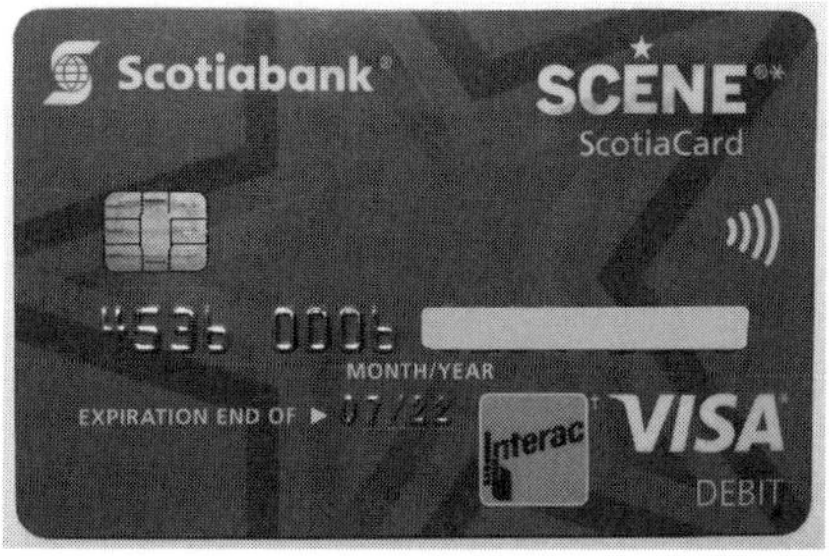

強行突破（？）で手に入れたデビット・カード。
これからの支払いは基本的にこのカードで

から飛び立ちました。このお金がカナダの銀行口座へ無事入金されることを祈るばかりでした。そして四日後、ついに着金。思うに、便利な世の中になったものです。カナダでパソコンを操作して、日本の銀行口座からカナダの銀行口座に送金（資金移動）する。ちょっと、不思議な気がしました。なお、帰国時にこの銀行口座は解約しましたが、そのカードは今でも持っています。一年間ともに過ごした大切なカードです。

この日には、銀行の帰りに携帯電話ショップへ。私の携帯をカナダでも使えるようにするためのＳＩＭカード（チップ）を購入。初期設定も済ませ、これで携帯もＯＫ。初日とはいえ、必須の課題に挑み、なんとか達成（突破）！

＊1　海外送金について。日本の銀行（三菱ＵＦＪ銀行）から海外へ送金すると、「海外送金手数料」が一回につき三〇〇〇円必要。さらに、一五ドル（約一三〇〇円）の手数料がカナダの銀行からも徴収されます。つまり、一回の送金につき四三〇〇円の手数料が必要。日本の口座から私は二回送金。九月に約一九〇万円を、一二月に約五七万円を送金しほぼ使い切りました。従って、節約できた額を計算すると、次のようになります。

①　七万四一〇〇円（全額をデビット・カードで引き出したときの三％の手数料）
②　八六〇〇円（日本からの送金手数料、二回分）
①－②＝　六万五五〇〇円……これだけ節約できました！

注意すべきは、少額の海外送金だと手数料の方が高くなることも。また、為替レートの変動も影響します。

＊2　スコシアバンク（Scotiabank）

プリンターは必須。けれども紙をめぐって……

パソコン用のプリンターはどうしても欲しかったのです。銀行口座開設の翌日、ペン・センター[＊1]（ショッピング・モール）ですぐに買いました。ヒューレット・パッカード社製のものを三六・七ドル（約三二〇〇円）で購入。思ったよりも安かったのです。しかも、値段の割には、作りもしっかりしています。スキャナーも付いています。

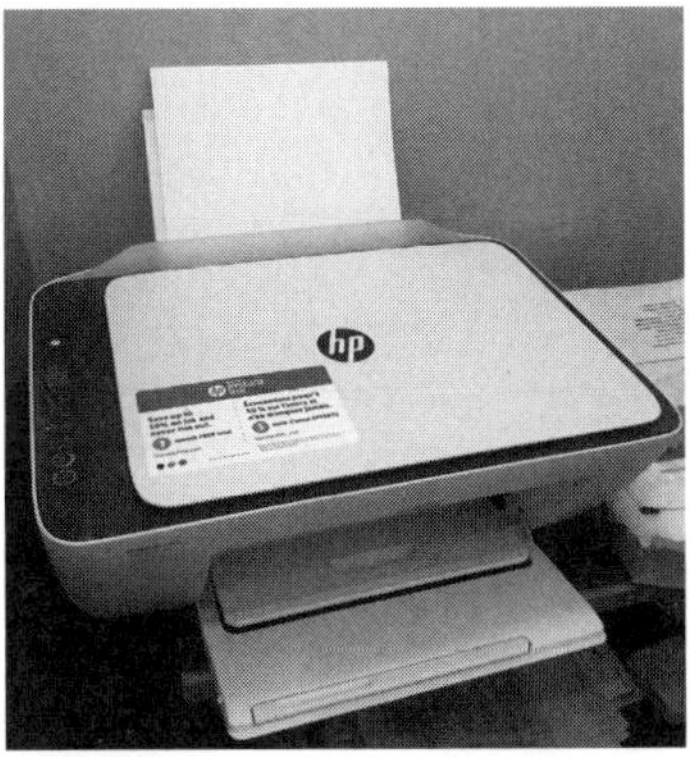

現地調達のプリンター。一年間ご苦労さま

やはり、電子データだけで済ますことが、若者のようにはできません。データは紙で欲しいのです。プリンターは、スーツケースには入りません。船便で送ると一ヶ月かかります。ということで、現地調達のつもりで渡航。

店員さんにも相談しながら購入しました（写真）。帰宅して、セッティングをさっそく始めます。マニュアルが英語なので悪戦苦闘。ホームステイ・ハウスにはもちろんWi-Fiがありますが、そのWi-Fiへの接続が必要。やっとのことでなんとかパソコンとの接続に成功。ワードの文書が出てきます。「やった！」。これで、データのプリントアウトができます。オジサン（私）も一安心。インクもアマゾンで何度か買い足して、このプリンターとともに一年間過ごしました。よく働いてくれました。帰国時にはフィリピンから来ていた学生のジニスに譲りました。うまく動いているかな？

さて、その半年後、プリンターの用紙をめぐって奇妙な体験を。

プリンターといっしょに、用紙も一束（五〇〇枚）カナダで買いました。その紙は見たところはA4サイズでした。ところが実は、微妙に大きさの違う、レター・サイズの紙。大きさがわずかに違うのです。[*2] A4に比べて、丈が短く、幅が広いのです。ですからこの紙の方が、平べったく見えます。違和感もありました。「この程度の差なら問題ないよな」と思って使っていました。ところが、そのうちにトラブルが。一枚に収まる行数が違うのです。そりゃそうです。レター・サイズの方が、丈が短いのですから。

ただ、カナダではレター・サイズが標準。大学の授業でも、郵便局でも、歯医者でも、使われている紙はすべてレター・サイズ。A4サイズの紙を使うところはどこにもありません。また、A4サイズを売っているお店もありません。日本でも、紙といえばA4サイズが標準で、レター・サイズは売っていませんね。このA4サイズが世界標準だと私は思っていました。そうでない国もあるのですね。日本から持って行ったA4サイズの紙は早々になくなり、その後はレター・サイズばかりを使うことに。

半年くらい経った頃でしょうか。日本から持ち込んだA4サイズの文書を、ファイルから取り出した時です。

「あれっ! ひょろ長い紙やなあ?」

紙を見て経験したことのない違和感が。確かにやや細長く見えるのです。

こういうことなのです。カナダに来てすぐは、自分としての大きさの標準はA4サイズ。ですから、短くて幅の広いレター・サイズが、すこし平べったく見えました。[*3] ところが、カナダでレター・サイズに囲まれて暮らすうちに意識がレター・サイズに順応。そのレター・サイズが意識の中で、新しい標準になってしまったようなのです。それで、レター・サイズよりも長くて幅の狭いA4サイズが、ひょろ長く見えるようになった。驚きました。「意識(標準の感覚)そのものが、無意識のうちに変化していた」ということなのです。

環境が変わると、意識も変化する。心もカナダ人になってしまっていたのかと思うと、ちょっと怖い気も。感じ方そのものが、自分の知らないうちに(無意識のうちに)、変わってしまっていたのですから。

*1 セント・キャサリンズ最大のショッピング・モール。店舗数は約一五〇。フード・コートもあり、

さらにスーパーマーケットやシネ・コン、ボウリング場も。先の携帯電話ショップもここにあります。西井さんからも聞いていました。

＊2　下の表はサイズの比較表です。単位はミリメートル。

＊3　下の図は、Ａ4サイズとレターサイズを縮小して比べたものです。

	レター・サイズ	Ａ4サイズ
長さ	279.4	297.0
幅	215.9	210.0

○レターサイズとＡ４サイズの比較

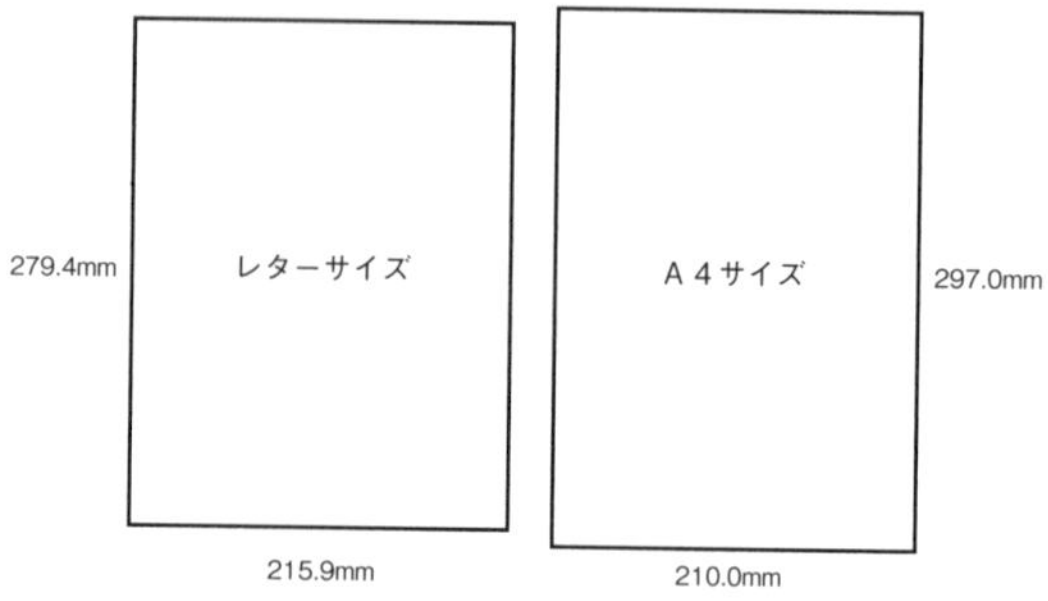

百均があった。そしてあっと驚く計算法！

ありました。カナダにも百均のお店があったのです。一五〇以上もの店舗があるペン・センター。服屋、携帯ショップ、電気屋、フード・コート等、様々な店が。スーパーや映画館もあり、きっとこれからもここを頻繁に利用するのではと思い、プリンターを買った後で、お店探検。ちょっと見にくいところに、エスカレーターが。そのエスカレーターを下りるとそこに、『ダラーラーマ』（Dollarama）というお店が。「ダラー（dollar）」とは、英語で「ドル」のこと。もしやと思ってその店に入ります。棚にはなんと、一ドル（約八五円）の品物が所狭しと並んでいるではありませんか。日本で言う「百均」のお店だったのです。「日本と、おんなじ発想やないか」と思いました。そして、「やった！」とともに、「ありがたい！」です。これで必要な物があれこれ安く買えます。節約生活の大切な味方です。[*1]

ダラーラーマという店名は、ダラー（ドル）をアレンジして付けた店名なのでしょう。上手につけたものです。セント・キャサリンズにはこのお店がいくつもあって、とてもお世話になりました。日本でも百均で有名なのは『ダイソー』『セリア』。ただ日本と違うのは、一ドル以上の品物もけっこうありました。そう言えば、日本の百均でも一〇〇円以上の品物が最近は増えてきていますね。

さて、買い物をめぐってまたまた、異文化体験。現金で支払う時は、一セント硬貨が使われないのです。最低の単位はなんと五セント。そんなはずはないと思われるかも知れませんが、こういうことなのです。細かい端数は、五セントに丸めるのです（次ページの図）。これには驚かされました。目を皿のようにして、「一円でも」安い物を探す、日本での私。いや私だけではありません。それを思うと、なんともおおらかなのです。「本当に一セント硬貨はないのかなあ？欲しいと言えば、出てくるのではないのかなあ？」という疑問が消えません。少し日がたってからレジで尋ねました、「一セント硬貨そのものがないのですか？」と。「ない！」という明快な返事。『地球の歩き方　カナダ』を見ると、確かに、「二〇一三年二月に一セント硬貨は廃止された」と書いてあります。大雑把といおうか、合理的といおうか、日本では考えられない発想ですね。レジでの煩わしさの軽減には役立ちます。[*2] ただし、カードで支払うときは、一セント単位までキチンと徴収されますが。

一ドル二八セント 一ドル二九セント 一ドル三〇セント 一ドル三一セント 一ドル三二セント	↓ 一ドル三〇セント
一ドル三三セント 一ドル三四セント 一ドル三五セント 一ドル三六セント 一ドル三七セント	↓ 一ドル三五セント

さらに買い物で驚いたのは、一三％の消費税と有料のビニール袋。

まずは消費税。日本の消費税はその時はまだ八％でした。一三％という高率に最初はビックリ。けれどもこんなことも。第一五章でも触れますが、窓口負担はあるものの、資格を満たせば保険料なしで加入できる健康保険。また、日本のように高額なゴミ袋を買わされるということのないゴミの処理。[*3] 税金が高いけれども、その分還元されているような印象。納得感のある税率なのでしょうか。
さらに、非課税や軽減税率の品物が結構あります。例えば、基本的な食材（肉、魚、シリアル、卵、野菜、コーヒー、お茶等）は非課税。新聞、本、子ども用の服や靴、チャイルド・シート、おしめ等は五％の軽減税率。レシートを見ると、それぞれ区別して書いてあります。日本よりもキメ細かな制度ですね。[*4]
そして、レジでもらうビニール袋は有料。渡航時、日本ではビニール袋はまだ無料だったのですがカナダでは既に有料。「こんなところまでお金を取られてはかなわん！」と、無料の国から来た私は常にビニール袋を携帯。無料の店もたまにはあったので、「袋はタダですか？」と、ちょっと勇気を振り絞って、レジで確かめます。五セント（約四円）のことなのですが、節約節約節約！　思うに、環境への配慮が日本より進んでいたということですね。ちなみにSDGs[*5]という言葉もすでに使われていました。
開講日前とはいえ早速様々な、異文化体験。所変われば品変わる。中には、同じ発想もあります。面白いもんだと思いました。そうです、こういう体験を求めてカナダに来たのです。

＊1　ニューヨークには、「九九セント」のお店があります。これも同じ発想ですね。
＊2　カードで支払えるものが多いのも印象的でした。郵便料金、運転免許証取得時の手数料、バスのチ

ケットや回数券などもカード可。現金でしか支払えなかったのは、生産者直売の市場で、野菜やソーセージや手作りパンを買うときくらいだけだったかな?と思います。公共図書館で貸し出し日数をオーバーすると、罰金を取られるのですが、それもカード可でした。実は、カードを使って私はその罰金を払いました。なお、郵便料金は、帰国して一年後くらいからでしょうか、日本でもカードが使えるようになってきました。

＊3　私の地元自治体では、ゴミの減量化も狙ってか、ゴミ袋の値段が高額になりました。

＊4　これ以外の非課税品には、生理用品、使用歴のある住宅の再販売、一ヶ月以上使う賃貸住宅、銀行の手数料、法律事務などがあります。本文の軽減税率品は、オンタリオ州での品目。また、先住民のみに適応されるものもあります。

＊5　ＳＤＧｓ。持続可能な開発目標（Sustainable Development Goals）。

第2章　学ぶ

1　オリエンテーション

新入生でごった返す校舎の前 ―登録日―

「あなたはどうしてこのブロック大学を選んだのですか？」

「ここのＥＳＬコースに通っていた知り合いがいて（西井さん）、その人のアドバイスで決めました」

教員のような方から突然声を掛けられたのです。彼女はなんとなく怪訝《けげん》な顔つき。不十分な英語で、的を射た受け答えになっていなかったのかも？

それは、登録手続きのための新入生登校日でのこと。カナダに着いた翌週の九月四日火曜日でした。[*1] ＥＳＬコースの校舎前は、新入生の若者達でごった返しています。初日は、ホームステイ・ファミリーが車で連れてくることに。その人ごみの中で、物珍しげにあちこちを見な

メイン校舎の国際センター。1FにESLコースの教室、2Fに教官室・会議室・受付カウンターなどが

がらウロウロしている六三歳のオジサン。英語を学ぶために、この若者たちと肩を並べると思うと、自然に気持ちが高揚してきます。

ＥＳＬコースの建物は、ブロック大学構内の一番東側。四階建てのりっぱなL字型の建物（写真）。その壁には「ブロック大学　国際センター」と大きく書かれています。いよいよ大学生活の始まりです。期待と不安に私は胸を膨らませます。そこでウロウロしている時に突然声を掛けられて、「なぜブロック大学に?」と聞かれたのです。

九時半、登録受付開始。外庭には長机が並べられていて、アルファベットを書いた紙が貼ってあります。そこに分かれて並ぶようにとのこと。周りを見回すと、思ったより日本人学生が多いようです。[*2] 私の番です。机上の一覧表には私の名前が確かにあります。「よかった!」。入学願書は日本からメールで送信。入学許可証も受け取ったとはいえ、やはりメール。一覧表の名前を見て一安心です。私の入学申し込みは確かに受理されていました。確認が済むと、お土産が渡されました。なんと、「ナップザック、水筒、サングラス、Tシャツ」（写真）なのです。気前がいい！　入学の登録日に、こんなにおまけを日本でもらった覚えはありません。

この大学のイメージ・カラーは、カナダ国旗のカエデとよく似た色の「赤」。お土産には、どれもこの赤が使われています。赤い、ナップザック、Tシャツ、水筒です。そして、サングラスは枠が赤。このイメージ・カラーは大学の至る所で使われていました。

これが、お土産。色はすべてスクール・カラーの「赤」。カバーにカラーの写真があります

中でも水筒は、とても実用的なおまけ。九月はまだまだ暑い季節。こまめな水分補給は必須。しかも、大学構内のあちこちにある水の補給機。蓋を取って水筒を置くだけで、センサーが反応して自動的に水が注がれます。[*3]

サングラスも貴重。と言っても、生まれて初めてサングラスをかけて道を歩いた私。日差しが強く、かけると確かに目が楽です。私のサングラス姿を見た中国の学生から、「ヤクザだ！」と冗談交じりに言われたことも。しかし、日常的に誰もが使うサングラス。帰国後も、運転中には使うように。家族を怖がらせてはいけないので、家の少し手前では取るようにしていますが。

登録手続きが済むと、レベル分けのテスト（後述）、そして昼食です。昼食ではなんと、大学がピザを用意してくれていました。ここでも「気前がいい！」と、思わず小躍り。日本の学生時代には経験したことがありません。テストが済んで食堂ホールに移動すると、テーブルにはすでにピザが。好きなところに座り、手を伸ばして自分の紙皿に取ります。やはり一切れは大きかった。二切れしか食べなかったのですが、満腹です。やはり、カナダ流の大きさだったのでしょう。

昼食後は、グループに別れてのキャンパス・ツアーと、大教室でのオリエンテーション。それが終わると、個人写真を撮り、パソコンとプリンターを使って学生証（写真）を作成。そこにシールを貼ってもらうと、学生証がバスの定期券に。登録、お土産、昼食、学生証。こうして、一日目は高揚した気分の中で、慌ただしく過ぎました。

一年間使った学生証。バスの定期券にもなった

＊1　月曜日が「レイバー・デイ（Labour Day）（労働者の日）」で祝日。それで、火曜日が初日に。

＊2　ある留学エージェントのデータには、日本人の割合は一五パーセントと書いてありました。ところが、私の経験した三クラスでの平均は三五パーセント。日本人の少ない環境を求めていたのですが。
＊3　水補給機には、「今のあなたの利用で、ペットボトル〇〇〇〇本が節約されたことになります」という表示が。積極的なゴミ対策。またこの水筒は、鞄に入れても水が漏れませんでした。上部の吸い口から吸うときだけ、水が出てくるのです。大変実用的でした。

スマホのトラブルをやっとのことで解決

何度試してもそこから先に進むことができません。大学のコンピューター・システムにログ・イン（接続）しようとするのですが、途中で止まってしまい、そこから先へ進めないのです。もう私の手には負えません。こういう時は、オジサンは本当に困ってしまいます。それは、「コンピューター・システムへの接続講習会」という、オリエンテーション二日目の行事の時。二〇人ずつくらいのグループに分かれて、一グループ三〇分交代で進行。

大学のコンピューター・システムにログ・インすることは、ここで大学生活を送るためには必須中の必須のこと。これができないと、大学のWi-Fiはもちろん、成績閲覧システム、授業料の支払い管理システム、図書館の検索システムなども使うことができません。さらには『ブロック・メール』[＊1]という、教職員や学生と連絡を取り合う大切なメールも使うことができません。それで、オリエンテーションで新入生対象の接続講習会があるのです。

実は、渡航前のことです。大学のコンピューター・システムに既に私はログ・インできていたのです。ところが、余計な操作をしてしまい、システムへのログ・インが、ロックされてしまいました。これは、自力ではなんともならない相当深刻なトラブル。そこで、現地に着いてから解決をしてもらおうと、放置してあったのです。

その講習会でも、やはりこの状態が当然ながら発生。講師のティーガン[*2]に聞いたのですが解決しません。彼女の手にも負えない、やはり深刻なトラブル。周りの若者達は、ティーガンとやりとりしながらスムーズに進んでいるようです。「トラブっているのは自分だけなの？ これでは最初の一歩から落ちこぼれてしまう！」と不安に。何と言っても、私は若くない。周りは、スマホを日常的に使いこなしている若者たち。暗雲が漂います。教室の入り口には次のグループがすでに待っています。私たちのグループの時間は終了。時間切れです！

「うまくいかなかった人は、コンピューター・センター（正しくはコンピューター・コモン[*3]）に○○時に集まってください」という、ティーガンからの指示。「ありがたい！ これで何とかなるかも？」と思いながらも、不安な気持ちで教室を出ます。

時間になりコンピューター・コモンへ。そこは、ガラス張りの大きな部屋でパソコン端末が一〇〇台くらい並んでいました。一〇人以上の学生が既に受付カウンターの前に並んでいます。他にも困っているＥＳＬコースの学生がいたのです。自分だけではなかったと、ちょっと安心。

受付カウンターのシステム・エンジニアにスマホを手渡します。やはり私のトラブルはやや複雑。パスワードの削除と変更というここでしかできない操作を経て、やっとコンピューター・システムにログ・イン。やった！　これで、大学のコンピューター・システムやWi-Fiを使うことができます。ようやく大学生活のスタートに立つことができました。

さて、このコンピューター・コモン。パソコンやスマホのトラブルを、何度もここに持ち込みました。ここにはコンピューターのエキスパートが常にいて、すぐに対応してくれます。コンピューターで困ったら、この人達に相談すればよいのです。月に一度くらいはお世話になったでしょうか。ノートパソコンを受付カウンターに置いてエンジニアと向かい合い、操作方法を教えてもらいました。私が持っているiPadの使い方もです。コンピューターのトラブルや疑問は、ここに持ち込めばなんでも解決。

デジタル化の進む日本の学校。とりわけ小中高等学校では、こういう人達は置かれているのでしょうか。デジタル化を進めるためには、専門の教職員は必須だと思わされました。

さて、ありがたかったのは、講師のティーガンです。受付カウンターに並んでいたESLコースの何人もの学生たち。彼女は、その最後の一人まで、キチンとエンジニアに繋いでくれました。最後まで私たちに付き合ったくれた彼女。責任感の強い講師（学生）だと思いました。落ちこぼれにならなくてよかった！　本当にありがたかったです。責任をキチンと果たすというカナダの人たち。それはこれからの生活の中で感じていくことになるのですが、この一件は、責任感にまつわる初めての感謝、感謝の出来事でした。

＊1　大学のコンピューター・システムが管理するメールで、先生方のメルアドなども容易に検索できます。休校などの連絡もこのメール・システムで送られて来ます。

＊2　ESLコースの学生をサポートする学生はティーガン、レンジー、ジェシカの三人。インターンシップの制度で働いているようでした。また、この制度は卒業後の進路にも関わっているようで、ティーガンは、ESLコースの教員になりたいと希望。

＊3　開室しているときはそこのパソコンとプリンターがいつでも使えます。空間も使い方も、日本にはない開放感を感じました。

2　レベル分けテスト！　その結果は？　そしてどんでん返し

レベル分けテストの結果がメールで送られてきました。登録日二日目の夜のことです。結果はなんと「レベル二」。ブンミー（ホスト・ファーザー）は、「Good!」と言って励ましてくれました。同宿の新入生はレベル四。渡航前にしっかりと英語の勉強をしてきたのでしょう。「もしや」とは思っていましたが、はっきり言われるとちょっとがっかり。

学習のレベルは一～五の五段階。五が最高で、このレベルを修了できると大学入学資格が与えられます。大学への進学を目指している学生にとっては、これが目標。一期は四ヶ月。私は三期（一年間）の在学を予定しています。「一期目はレベル三、次はレベル四、最後はレベル五で修了」。あわよくばこのように進められないかというのが腹づもり。大学入学資格が与えられたという達成感を持ちたかったのです。

テストは登録日初日、午前中の八〇分間。リスニング（聞き取り）からですが、予想通り今一歩。リーディング（読解）やボキャブラリー（語彙《ごい》）、文法の問題はけっこうできたつもり。しかし、時間配分がうまくできず、問題の四分の一くらいを手つかずに残してしまいました。これも実力のうち。「やばい！　レベル三に届かないかも」と心配。レベル二という結果も予想はしていましたが、これでは、一年後にレベル五を修了できません。

ところが、こんな耳寄りな情報を既に得ていました。テスト後のキャンパス・ツアーの時に、引率の先生と新入生がこんな会話を交わしていたのです。「外部のテスト（トーフル、トーイック、アイエルツなど）[*1] はレベル分けに考慮されないのですか？」という学生の問いに先生は、「点数を取っていれば、それにふさわしいレベルに入れてもらえますよ」との返答。夕食時、レベル二という不本意な結果について話している時に、この会話を思い出したのです。「ひょっとしたら？」と光が差しました。実は、トーフルのテスト結果があるのです。

カナダでの英語学習の進歩を図るために、トーフルの定期的な受験を計画。そこで渡航直前の八月に、その一回目を日本でまず受験。初めて経験する、すべてパソコンを使ったテスト。満点は一二〇点。点数はさほど良くなかったのですが想定内。この点数は、カナダに着いてからメールで送られてきました。ひょっとしたら、あの点数を持って行けばレベルを変えてもらえるのでは？　渡航後に受け取ったばかりの点数をです。けれども、ハードルはいくつもあります。英語で話さなければなりません（当たり前！）。しかも、交渉！です。旅行の英語ではありません。それに、私の点数は、そもそもレベル変更してもらえるような点数なのか。あれこれと壁が思い浮かびます。

「やってみよう！　レベル二から始めてレベル四で終わるのと、レベル三から始めてレベル五で終わるのとでは、達成感がまるで違う。『この点数ならレベル三で始められた』ということがもしも後で分かったならば一年間後悔する。とにかくやってみよう！」という思いが、ムクムクと湧き上がってきたのです。

翌日、授業開始の初日です。ＥＳＬコースの校舎二階にある相談カウンターへ。利用するのは初めてでした。既に一〇人くらいの長蛇の列。並んで辛抱強く待ちます。カウンターの職員に事情を話すと、「ドナ（担当の先生）のところへ行くように」と言われ、彼女の部屋番号を教えてくれました。ドアをノックして部屋に入ります。彼女は、優しそうでゆったりした、ふくよかな感じの先生。ゆっくり話されたので、聞き取りやすい英語。それが何よりもありがたかったし、うれしかったのです。「この人となら、やりとりを理解しながら話を進めることができる」という安心感が湧きます。

レベル変更の希望とトーフルの点数を持ってきたことを話します。机上にはなにやら表のようなものが。「『外部テストの点数』と『ＥＳＬコースでのレベル』との対照表」でした。トーフルで○○点取れていればレベルは△、アイエルツで○○点取れていればレベルは□、というようなことが一覧になっていました。

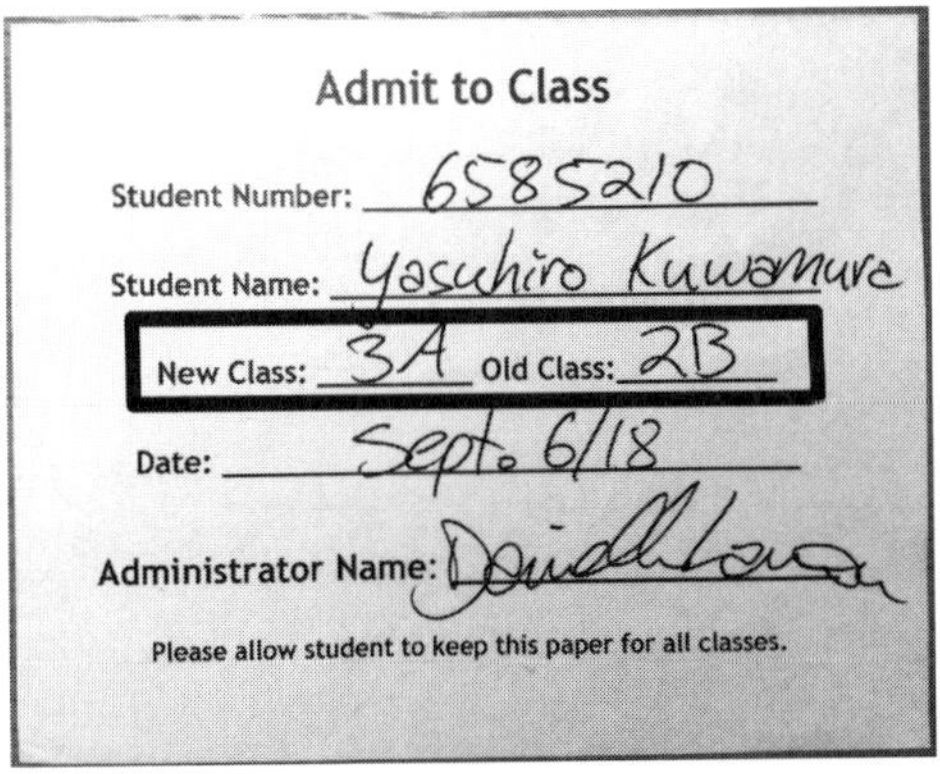
Admit to Class

Student Number: 6585210

Student Name: Yasuhiro Kuwamura

New Class: 3A Old Class: 2B

Date: Sept. 6/18

Administrator Name:

Please allow student to keep this paper for all classes.

レベル変更の連絡票。New Class 3A（レベル三のAクラス）、Old Class 2B（レベル二のBクラス）と書いてあります

「Yasu. この点数ならばレベル『三』ですね。十分です」とドナの返答。そして連絡票（写真）に確認のサインを。「やった！　レベル二からレベル三に変えてもらえた！」。とてもとてもうれしかったのです。その連絡票は今でも手元に持っています。ドナのサインがしっかりと書かれています。晴れてレベル三。後はレベル五を目指して努力するのみ。

やはり、やってみなければわからない、という思いを強くしました。銀行口座の開設と日本からの送金に続き、次の挑戦を突破。ドナに話してみて、も

しも点数が足らなかったとしても、それはそれで納得できます。状況を真剣に受け止めて、学習に集中できます。「とにかくやってみるもんだ！」と、私の学生生活は始まりました。

＊1　トーフル（TOEFL）、トーイック（TOEIC）、アイエルツ（IELTS）などの英語能力検定試験のことです。「ブロック大学に入学するには、トーフルで八八点／一二〇点必要だ」のように使われます。

3　いよいよ、授業開始！―その一日目と二日目―

先生の話す英語がわかるのです。ほとんど聞き取れるのです。意外な出来事に、天にも昇る気持ち。初めての授業でのことです。話し方がややゆっくりで、発音も明瞭でした。話の内容もやさしかったのかも知れません。

とはいえ、とても嬉しくて、授業が終わって先生のところに勇んで歩み寄り、真顔で話しかけます。「先生の言うことをほとんど理解することができました。これが先生の普段の話し方ですか、それとも、私たちのためにわざとゆっくり、はっきりと話して下さったのですか？」と。それに対して先生は「『あなたはゆっくり話すね』と言われることがあります。今日の話し方は、わざとではありません。これは自分の個性だと思います」と返答されました。

英語を話すことはある程度できたのですが、聞き取りは不安でした。そんな気持ちで受けた初めての授業。確かに元々ゆっくり話す人だったのでしょう。しかし、この出来事で、これからの英語学習に期待と希望を感じた私。「なんとかなるぞ！　先生方の説明はきっと理解できる。そうすれば英語学習も進む。一年後はレベル五だ！」と。ただ、実際はそんなに甘くはありませんでした。

この先生の名前（呼び名）はキャット（口絵③）。フルネームは、カタリーナ・クリーガー。レベル三の、リスニング・スピーキングの先生。彼女は、クロアチアからの移民で、旦那さんは大工さん、そして高校生の息子がいるとのこと。初めての先生がキャットだったということは、私の留学にとって、とてもとても幸せなことでした。彼女には、大変助けられたのです（詳しくは第2章7）。

と言っても、違和感があったのは呼び名。だれかれ構わず、短縮形の名前やファースト・ネームで声をかけます。先生に対してキャットと呼びかけるのは、やや抵抗もありました。ESLコースの責任者を呼びかけるときでさえ、ジェフリー（ジェフリー・イーデン）です。けれどもそれが当たり前。ということで、私も呼び名を作りました。「ヤスヒロ」では四音なので言いにくく、「ヤス（Yasu）」に。「軽いなあ」と思いましたが、呼びやすい、いい呼び名でした。こういう呼び方に、日が経つと慣れてしまいましたが。

昼食はホームステイ・ハウスで作ってもらったお弁当。午後の授業は、リーディング・ライティングから。担当の先生がお休みで、代わりの先生。そして最後は、「プロジェクト」という授業。これも担当はキャットでした。

さて、その翌日です。午前中は、まずリーディング・ライティングから。担当の先生が入って来られました。シェリーです。ふくよかな感じの先生。前の椅子に座り、授業が早速始まります。ところがです。英語が速くて聞き取れません！　昨日はほとんど聞き取れたのに。昨日の期待と夢が、ここで打ち砕かれました。これが普通の速さだったのでしょうか。半分以上が聞き取れません。「やっぱり、聞き取りはたやすくはない！」と気を入れ直します。そして、授業に付いていこうと、必死で耳を傾けます。

とはいえ、この先生のよかったところは学生同士のペアを一時間目から作られたことです。授業の時はあらかじめこのペアで隣同士に座るようにとのこと。授業中の話し合いや、書いたものの相互チェックなどは頻繁にあるのですが、その時にはこのペアで。日本の学校では、初めからペアを指定されるという経験はありませんし、グループで学ぶのも特別の場合だけ。ここでは、ペアができているので、議論や相談が本当に進めやすく、とても助かりました。話すことを強制されるので、語学を学ぶという点からも良い学び方だと思いました。

私のペアは、前半はウンソ、後半はハナ。二人ともこの一期（四ヶ月）だけで帰国する韓国の大学三年生。ウンソは控えめで真面目な学生で、お母さんは小学校の副校長先生だとのこと。

ハナは、いずれキャリアウーマンとして職場を仕切っているところを彷彿《ほうふつ》させるような、頭の切れる学生。こんな私と、それぞれ二ヶ月間よく付き合ってくれました。今思いだしてもありがたかったです。

こうして始まった、英語の授業。初日は英語がよく聞き取れて天国へ昇り、翌日は、ほとんど聞き取れず地獄へ。前途多難を思わせる英語学習が始まります。

4 コンピューター環境の素晴らしさ

Wi-Fi ——それはどこでもいつでも使えます

こんな快適なコンピューター環境は、生まれて初めての経験。バスが大学に着きます。スマホを出して、メールのチェック。スマホは既にWi-Fi につながっています。iPad もです。教室に入り、自分のパソコンを開いて立ち上げます。自動的にWi-Fi につながります。すぐにインターネットを見ることができるのです。

つまり、大学の敷地に一歩入れば、スイッチがONの電子機器は、何もしなくても、自動的にWi-Fi に繋がっているのです。セキュリティーの甘い、誰もが使えるフリー Wi-Fi ではありません。あらかじめ大学からもらっているID[*1]・パスワードを使い、登録してある人にしか使えない、安全なWi-Fiです。

私の帰国は二〇一九年一〇月。この留学記を書いている間に、世の中のデジタル化は急速に進展。そこにはコロナ禍の後押しもあったのでは。今では、全ての小中学生がタブレット（画面の大きい手持ちの電子機器）を教室で使い、電子黒板が教室内に設置されています。大学でも、Wi-Fi環境を含め、きっと大きな変化が起こっているのでは。私が渡航したときには、このような変化は想像できませんでした。そんな時の、私の体験・印象ですので、賞味期限が過ぎているのかも知れません。それを踏まえながら読んでいただければと思います。

こういうWi-Fi環境だと何ができるのか。教室はもちろん、図書館、食堂、廊下等、大学構内ならどこにいてもインターネットを使いながらの作業ができるのです。実際、多くの学生が至る所でパソコンに向き合っていました。外庭の机に座って作業する学生も。ちょっとカッコ良くないですか。何よりも、データ通信料金の心配が無用。ということは、大学構内ではLINEも使い放題。LINEのテレビ電話を使って、週に一度は、私は妻と話しましたが、大学構内では安心して長話を。

日本でも、公共施設や病院などで、Wi-Fiを使えるところが増えてきました。大学でも、きっとこのようになりつつあるのでは。渡航した二〇一八年九月には、カナダではすでにこのような環境が整っていました。日本のずいぶん先を走っているコンピューター環境。それはとても刺激的な体験でした。

＊1　コンピューター・システムに入るための個人名で、ブロック大学から与えられます。

教室でインターネットが自由に使えるとこんなことも

教室の液晶大画面にダイヤル式の電話が映っています。授業で、ダイヤル式の電話のことが話題になった時です。見たことのない学生のために、先生がその場で画像を検索。見つかった画像を教室の液晶大画面に映します。周りの若者達は、実物は知らないのかも。私は日常的に使っていました。

目の前に映っているのは、悪臭が漂ってきそうなゴミの集積場。ゴミ問題がテーマの章を、学習しているときです。インターネットで検索したゴミ集積場を、学生に見せているのです。

このようなことのできる設備が全ての教室にあります。教室のデスクトップ・パソコンからインターネットを直接見ることができ、それを教室の大画面に映すことができるのです。[＊1]レベル三、五の教室は、プロジェクターを使ってスクリーンに投影（次ページの写真）。レベル四の教室は液晶大画面です。インターネットで検索し、その場で共有する。画像を見れば、言葉や手書きの図ではわかりにくいことでも、たちどころに理解することができます。ネット上の豊富な素材（画像、動画、音声、文章）が、教材として使い放題なのです。

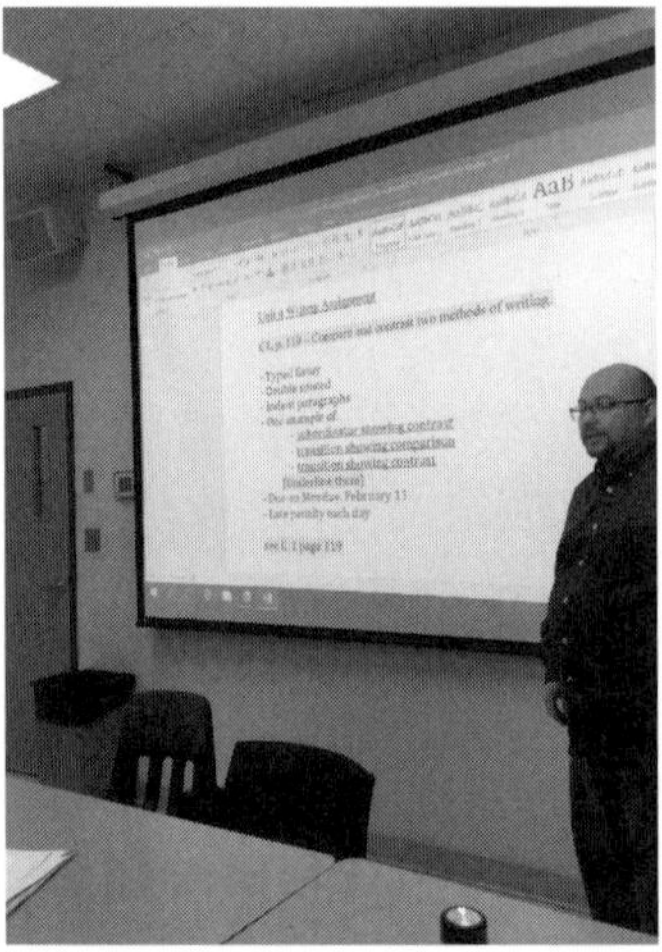
教室前面のスクリーン。写っているのは、フィル

教室の画面に、集会の動画が映っています。カナダ西部のバンクーバーで行われた、環境保護のための集会。カナダ―アメリカ間にパイプラインを敷設する計画があり、それに反対する大規模な集会が行われたのです。そこに、デイヴィッド・スズキという日系カナダ人が参加したというのです。彼は、カナダでは著名な環境保護活動家。アメリカのトランプ政権（当時）も、カナダのトルドー政権も敷設を推進。その敷設に反対する集会です（その後、アメリカがバイデン政権になり敷設は中止に）。

これは、ある先生が授業中に突然こんな課題を出された時のこと。「これからニュースを検索し、関心のあるものを選んで、それをここでプレゼンしなさい」というのです。読んだニュースを、その場ですぐにというわけです。使える材料はリアルタイムのニュース素材。つまりほぼ無限にあります。英語のニュースを読み、または動画のナレーションを聞き、それを表現（アウトプット）する。こんな素晴らしい英語学習が、たちどころに何の苦もなくできてしまうのです。
学生が各自のパソコンでニュースを探し出し、そのＵＲＬ（アドレスのようなもの）を先生のパソコンに入力する。そうすると、そのニュースが教室の画面に映し出されます。私は、その活動家が日系カナダ人だということに興味を引かれて、そのニュースを扱いました。こんな授業がすぐにその場でできてしまうのです。

ホームステイ・ハウスの壁に iPad をテープで貼り付けます。それに向かって話しかけ、自分の語りを録画。それは、こんな課題が出されたのです。「ナレーション（語り）を自撮りし、その動画を提出しなさい」というのです。しかもその提出方法は、「インターネットを使って、大学のホスト・コンピューターに送信しておきなさい」とのこと。先生は、都合の良い時にホスト・コンピューターに接続し、そのナレーション課題の採点をする。レポートをメールで送るのは想定内ですが、「自撮りの動画を送る」というのは初めてのこと。「動画を送っておいて評価してもらう」。この体験は、デジタル環境下での可能性の広がりを肌で感じることができました。

教室にある先生用のパソコンにＵＳＢメモリーを差し込みます。そこに入れてある画像を大画面に映して、その場ですぐにプレゼンができます。あらかじめ、パワーポイント[*2]を使ってプレゼン用のスライドを作っておき、それをＵＳＢメモリーに入れて教室に持っていけば良いのです。プレゼンの課題はたくさんありましたが、このような使い方で練習や発表は滞りなくできました。表現（発表）という点でも優れた教育環境と言えるのでは。

ここに書いたようなことが、日本の学校でも日常的になりつつあるのでは。[*3] そうなれば、子どもの学びの質は、今までとはずいぶん違ったものになるに違いありません。うらやましいというよりも、カナダは二周先を進んでいるという感じがしました。日本の学校でデジタル化が進展し、学びの質が進化・発展する。これからは、そういう中で育ってきた人達と、出会うことになるのでしょうか。

＊1　大学全体に巨大なコンピューター・ネットワークが張りめぐらされ、大学内の全てのデスクトップ・パソコンはホスト・コンピューターに接続されています。このネットワークを使って、インターネットに接続したり、デスクトップ画面を教室内の大画面で見ることができます。
＊2　プレゼン用のスライドを作る、ソフトウェア。最近は、講演会などで日常的に使われています。
＊3　二〇二三年二月中旬に、名古屋市内の私立高校二校に訪問する機会がありました。多くの学校が集まり、その子ども達や教員のレポート発表を聞きました。そこでは、Wi-Fi を使うことができ、プロ

ジェクターもスクリーンも備え付けられ、カナダとほぼ同じ環境が整っていました。発表は、各自の持ってきたタブレットを機器に接続し、パワーポイントを使って行われました。

諸連絡は全てメール

ホームステイ・ハウスの外に出ます。ツルツル滑って歩けないのです。立っているだけで、スケートのように靴がそのまま滑って行きます。

ホームステイ先の裏庭に積もった雪。カナダ南部のセント・キャサリンズでも、これだけ積もる

家の前にある、カーポート兼通路。幅は五《メートル》、長さは二〇《メートル》くらい。屋根はなく緩く傾斜しています。ここを通って表の道路に出るのですが、表面が氷で覆われていて歩くことができません。足を止めて滑るに任せます。通路の先にある道路も、表面は氷。滑って転びそうです。道端の土を踏みながら移動。といっても、そうばかりはいかず、やむなく氷の上を歩くことも。転倒しないように気をつけましたが、何度も転びます。

　これは、極寒の二月初旬に降った、フリー

ジング・レイン。地面に当たると、その衝撃で瞬間に凍る雨のことです。日本語では「雨氷」。初めて体験した気象現象でした。零度以下の冷たい雨が道路に落ちると、その衝撃でたちまち凍るのです。[*1] これが降ると、道路一面がそこら中凍結。氷でくるまれた草の葉などは、ジュンサイのように見えます（口絵⑨）。

「ヤス、きょうは休校だよ。今メールを見たところだ」と、ホスト・ファーザーのスティーブ。大学に行こうとして部屋のドアを開けると、そこには彼が。「えっ、大学が休み？」と、驚く私。初めての休校です。フリージング・レインのために休校になり、一斉メールが配信されたのです。

「こんなことで休校なの？」とは思ったのですが、よく考えるともっともなこと。広大な大学なので、校舎間の移動にはコンクリート舗装の通路をかなり歩かなければなりません。とすると、転倒やスリップ事故も多発するはず。実に、賢明な判断だと思いました。フリージング・レインによる休校は、留学中に三日ありましたが、どれもメールによる連絡。再開の連絡もメール。ストーム（嵐）の時も、やはりメールで休校連絡が。

大学からの連絡はすべてメール。この他にも、「電気系統の点検で、エレベーターが使えなくなる」「構内の一部が工事で通行止めになるので、迂回路を使え」「不審メールでお金を取られた学生がいるので注意（詐欺）」などなど。

日本の大学ではメールでの連絡は今や当たり前でしょうか？　地元小学校でも、天候による行事の変更は、メールで連絡されるようになってきました。日本にいるときは、「暴風警報」が出ているかどうかを自分で調べ、判断していました。休校連絡がスマホに入るというのは、かっこよくて新鮮でした。

＊1　通常、水は零度で凍りますが、時には零度以下になっても凍らないことがあります。この状態を「過冷却」といいます。コップに入っている過冷却の水をかきまぜるなどして衝撃を与えると、突然凍り出します。実験動画をYouTubeで見ることができます。

デジタル化と自己責任

八六・三点。学期途中の私の平均点。成績の閲覧システムが日本よりもはるかにオープンなのです。学期途中のいつでも、自分の平均点を知ることができます。エッセイ、プレゼンなどの課題や、学期に三回ある定期テストの点数は、その都度この成績システムに入力されます。それで、自分の総合成績をいつでも確認することができました。

時間割、成績、学費の支払い状況、住所などの個人情報。こういった情報は、学生の側から閲覧することができます。さらに、住所などの個人情報は、自分での修正も可能。ＩＤ・パスワードがないと、このような情報にはもちろんアクセスできません。ホスト・コンピューター内の「サカイ（Sakai）」というソフトが管理。

学期の始めです。「時間割を見ることができますよ」という連絡メール。サカイにログ・インして確認し、プリントアウトします（若者はスマホで見ていました）。また、進級を左右する成績。三科目「①リスニング・スピーキング、②リーディング・ライティング、③プロジェクト」で、六〇点以上の平均点が必要。このホスト・コンピューター内の成績表を見れば、学期の途中でも、合否は自ずから見えて来ます。私は、〇・一点でも良い平均点をとるために、この成績表をこまめに点検し、次の課題での目標点を設定しました。こんなにオープンだと、意欲も湧きます。

学費の管理もオープンでした。大学に学費を送金すると、大学の管理する個人口座のようなところへいったん入り、納入期限が来るとそこから引き出されます。日付、入金、出金、残高の欄があり、預金通帳のような形式。これを見れば、「前納額、支払い済額、今後の必要額」などは、詳細に分かりました。各自ここを見て、自己管理のもとに入出金。そして、個人情報のページには、日本やカナダの住所・電話番号・緊急連絡先などが入力されています。ホームステイ先を変わると、自分で修正しなければなりませんでした。個人情報は自己責任で管理せよ、と言われているようでした。日本では、こういうページを学生が直接書き換えることはできませんよね。

日本では学校から与えられる情報も、ここでは自分で調べなさいという扱い。時間割、成績、学費、さらには住所などの個人情報。全て、自己責任で管理しなさい、と言われているようでした。オープンなだけ、自覚的な付き合い方が求められます。社会そのものが「自己責任社会」なのでしょうか。ただ、日本の大学もそうなりつつあるのでは。

あらゆるところでデジタル化

大学構内のあちこちに置かれている共用のプリンター。それらはすべてインターネットに繋がっています。すると、この共用プリンターを、自分のプリンターであるかのように使えるのです。

①まず、自分のパソコンから、インターネットで、データをプリンターに送信

②そして、最寄りのプリンター（どこでも可）で、学生証をスライドさせるすると、そのデータがプリントアウトされて出てくるのです。もちろん有料ですが。

あっと驚きました。インターネットが使えれば、個人持ちのプリンターは不要。つまり、課題のエッセイを家で書き、インターネットで送信し、翌日大学に行って印刷すればそれでOK！　ということは、万が一、課題の提出直前にミスを発見しても、直した文書をその場でプリントアウトすることができるのです。図書館の各階にもこの共用プリンターがあり、とても

重宝しました。スキャナーや通常のコピー機としても使えました。

インターネットを使った授業、諸連絡、時間割、学費の支払い、個人情報の管理、印刷。このように学生生活のほぼすべての分野がコンピューター・システムと連結し、このコンピューター・システムと無縁の学生生活は送れません。日本の大学でもこうなりつつあるのでは？「システムは完備している。後は、自分たちで自由に使いこなしなさい」と言われているようでした。オープンかつ自己責任というのでしょうか。

このようなデジタル化は大学だけではなく、社会全体についても。軽微な犯罪ならば警察への届け出は、ネットで出すように言われます（善し悪しは別）。入学の申し込み、ボランティ団体への参加の申し込みもネットから。紙の預金通帳を初めから持たないという選択肢も可。日本でも、色々な分野でデジタル化が進んできました。デジタル庁が開設されました。地元の自治体でも、ＤＸ[*1]推進課が二〇二二年四月に新設されました。

様々な分野で何周も先を進む、カナダのデジタル化。日本もこの方向は避けられないのでは。とするならばこの流れに慣れる努力を、としみじみ思うオジサンです。

＊1　デジタル・トランスフォーメーションの略称で、町の広報には「情報通信技術を浸透させることで人々の生活をより良いものへと変化させること」という説明が。

5　英語での会話にこだわる

「Yasu. あなたは教室の外でも、日本人と話すときに英語を使っていますね」と、ある先生に話かけられます。開講して間もなくのことです。日本人同士で話すときでも、英語を使うようにしていた私。そして、その先生はチケット（抽選の応募券）を突然私にくれたのです。このチケットは学生の「頑張り」を評価するためのもの。授業でよく手を挙げるなどでもいいのです。先生が学生の頑張りを見つけると、その場で渡されます。週に一回の抽選があり、景品は結構豪華。ワイヤレス・ヘッドフォンもありました。

「教室内では、英語以外は使わないように」というのが先生方の指示。それで、教室を一歩出ると各国語が飛び交うのです。中国語、韓国語、スペイン語、ポルトガル語、ベトナム語、そして日本語等です。中には、目（耳？）を盗んでこっそりと母国語を教室で話す学生もいたのですが。ちなみに、私のクラスでの、国籍別の人数は次の通りです。

○レベル三　中国　八人、日本　七人、韓国　三人（計一八人）

○レベル四　中国　九人、日本　五人、韓国・ベトナム・イタリア　各一人（計一七人）

○レベル五　中国　九人、日本　六人、韓国・フィリピン　各一人（計一七人）

多国籍の学生が集まっていたわけですが、その各国語が校舎内で飛び交うという状況はちょっと想定外でした。「ＥＳＬコースの校舎に一歩入ったら、英語しか聞こえてこない」というような環境を期待していたのです。しかし、同じ国同士の者が会話をするならば、母国語を使う方が話しやすいのは言うまでもありません。各国の学生同士が固まり、それぞれの国の言葉で話しているのです。

このような環境は、正直言って私には不満でした。お金をかけて英語を学びに来ているのですから、英語の中で生活したかったのです。そこで、授業中はもちろんのこと、教室外で日本人と話す時でさえ、英語で話すことにこだわった私。ですから、日本人学生が日本語で話しかけてきても、英語で返答していました。そんな様子を見た先生が、チケットを私にくれたのです。そのこだわりのせいか、日本人の学生は、私には英語で話しかけてくれていました。

そんな中でこんなエピソードも。半年くらい経ったときに、サッカー・クラブに入っていた日本人学生が、筋肉痛で困っていました。そんな時、「医療費がほとんどタダになる保険（学費の一部に保険料が含まれていて、全員が加入している）の使い方を、教えてあげたい。日本から持参した湿布を渡してあげたい」と思った私。「これは、わかりやすくキチンと伝えなければ」と考え、あえて日本語で説明。すると、それを聞いていたある中国の学生が「Yasuが日本語を使っているのを初めて聞いた」と言っているではありませんか。それくらい、英語だけを使うことに私はこだわりました。

しかし、英語にこだわり続けることには経験したことのない困難が。英語では、用件を伝えることはできても、気持ちを十分に伝えることができません。日本語でなら、励まし、喜び、戸惑い、遠慮等々、適切な言い回しはいくらでもあります。例えば、頼みごとをするにしても、「申し訳ないが、○○してもらえないだろうか」と言えば、「すまないが」という感情を込めて、相手に不快感を与えないように話すことができます。そもそも不足する英語力。このような「情感」を伝える言い方を知らないのです。情報を伝えることはできても、情感を伝えることができない。そうすると何が起こるのか？　伝えきれない気持ちがお腹の中に溜まってくるのです。そして、日本語で無性に話したくなるのです。

それは、こんな形で現れました。二ヶ月くらい経ったときでしょうか、「これはもうだめだ。気持ちが爆発するぞ」という思いが募ります。帰りのバスに乗った時です。周りを見回しても、日本人は私と、同じクラスのユキの二人だけ。かねてから、この学生なら私の気持ちを分かってくれるのではと思っていたのですが、その日本人学生に思い切って、日本語で話しかけたのです。彼女に、今日まで日本語を使わずに生活してきたことを話すと、「それは大変でしたね。

きつかったですね」と、予想通りの反応。久しぶりに日本語で話すことができて、本当に気が晴れました。溜まっていた気持ちを吐き出せました。しかしです、他の日本人学生には知られたくありません（笑）。「このことは、他の日本人学生には黙っていてくださいね」と念を押します。六三歳のオジサンの沽券《こけん》に関わります。そんなことがありながらも日本語を使わないことに、かたくなに私はこだわりました。

日本語で話すことには「魔の手」のような魅力が。情報も気持ちも同時に伝えることができます。しかも、無意識に自然に出てきます。コミュニケーションは、両方を伝えることができて、それで成立するのですね。「絆」を感じられるからでしょうか、とにかく救われるのです。母国語は大切。日本語という言語を自由に扱えるということのありがたさ。その幸せをこれほど肌身で感じたことは初めての体験。新しい新鮮な気づきでした。

6　授業は進む

教室、科目、時間割

教室の前方で、スイッチを入れる先生。スクリーンが天井から下りてきます。さらにスイッチを操作すると、天井のプロジェクターに電源が入り、スクリーン上にパソコンの画面が映し

郵便はがき

料金受取人払郵便

名古屋中局
承認

6624

差出有効期間
2025年5月31日
まで

460-8790

101

名古屋市中区大須
1-16-29

風媒社行

注文書◉このはがきを小社刊行書のご注文にご利用ください。

書名	部数

郵便振替同封でお送りします（1500円以上送料無料

風媒社 愛読者カード

書　名

本書に対するご感想、今後の出版物についての企画、そのほか

お名前　　　　　　　　　　　　　　　　　　　　　　　（　　　歳）

ご住所（〒　　　　　　　　　）

お求めの書店名

本書を何でお知りになりましたか

①書店で見て　　②知人にすすめられて

③書評を見て（紙・誌名　　　　　　　　　　　　　）

④広告を見て（紙・誌名　　　　　　　　　　　　　）

⑤そのほか（　　　　　　　　　　　　　　　　　　）

＊図書目録の送付希望　□する　□しない

＊このカードを送ったことが　□ある　□ない

風媒社　新刊案内

2024年
10月

寝たきり社長の上を向いて

佐藤仙務

健常者と障害者の間にある「透明で見えない壁」を壊していくため挑み続ける著者が、自身が立ち上げ経営する会社や未来をひらく出会いの日々を綴る。

１５００円＋税

近鉄駅ものがたり

福原トシヒロ　編著

駅は単なる乗り換えの場所ではなく、地域の歴史や文化への入口だ。そこには人々の営みが息づいている。元近鉄名物広報マンがご案内！

１６００円＋税

名古屋タイムスリップ

長坂英生　編著

おなじみの名所や繁華街はかつて、どんな風景だったか？全１２８カ所を定点写真で楽しむ今昔写真集。昭和１００年記念出版。

２０００円＋税

〒460-0011
名古屋市中区大須 1-16-29
風媒社
電話 052-218-7808
http://www.fubaisha.com/
［直販可　1500円以上送料無料］

名古屋で見つける化石・石材ガイド
西本昌司
地下街のアンモナイト、赤いガーネットが埋まる床……世界や日本各地からやってきた石材には、地球や街の歴史が秘められている。
1600円+税

ぶらり東海・中部の地学たび
森 勇一／田口一男
災害列島日本の歴史や、城石垣を地質学や岩石学の立場から読み解くことで、観光地や自然景観を〈大地の営み〉の視点で探究する入門書。
2000円+税

名古屋からの山岳展望
横田和憲
名古屋市内・近郊から見える山、見たい山を紹介。山の特徴やおすすめの展望スポットなど、ふだん目にする山々がもっと身近になる一冊。
1500円+税

名古屋発 日帰りさんぽ
溝口常俊 編著
懐かしい風景に出会うまち歩きや、公園を起点にするディープな歴史散策、鉄道途中下車の旅など、歴史と地理に詳しい執筆者たちが勧める日帰り旅。
1600円+税

愛知の駅ものがたり
藤井 建
数々の写真や絵図のなかからとっておきの1枚引き出し、その絵解きをとおして、知られざる愛知の鉄道史を掘り起こした歴史ガイドブック。
1600円+税

伊勢西国三十三所観音巡礼 千種清美
◉もう一つのお伊勢参り
伊勢神宮を参拝した後に北上し、三重県桑名の多度大社周辺まで、39寺をめぐる初めてのガイドブック。ゆかりの寺を巡る、新たなお伊勢参りを提案！
1600円+税

写真でみる 戦後名古屋サブカルチャー史
長坂英生 編著
ディープな名古屋へようこそ！〈なごやめし〉だけじゃない名古屋の大衆文化を夕刊紙「名古屋タイムズ」の貴重写真でたどる。
1600円+税

地図で楽し

…の海上交通　四国遍路をめぐる物語…

古地図で楽しむ駿河・遠江
加藤理文 編著
古代寺院、戦国武将の足跡、近世の城とまち、災害の爪痕、戦争遺跡、懐かしの軽便鉄道……。
1600円＋税

古地図で楽しむ三重
目崎茂和 編著
江戸の曼荼羅図から幕末の英国海軍測量図、「大正の広重」吉田初三郎の鳥瞰図…多彩な三重の姿。
1600円＋税

岐阜地図さんぽ
今井春昭 編著
観光名所の今昔、消えた建物、盛り場の変遷、飛山濃水の文学と歴史……地図に隠れた岐阜。
1600円＋税

古地図で楽しむ岐阜　美濃・飛騨
美濃飛騨古地図同攷会／伊藤安男 監修
多彩な鳥瞰図、地形図、絵図などをもとに、地形や地名、人々の営みの変遷をたどる。
1600円＋税

明治・大正・昭和　名古屋地図さんぽ
溝口常俊 監修
廃線跡から地形の変遷、戦争の爪痕、自然災害など、地図に刻まれた名古屋の歴史秘話を紹介。
1700円＋税

古地図で楽しむなごや今昔
溝口常俊 編著
絵図や地形図を頼りに街へ。人の営み、風景の痕跡をたどると、積み重なる時の厚みが見えてくる。
1700円＋税

古地図で楽しむ尾張
溝口常俊 編著
地図をベースに「みる・よむ・あるく」——尾張謎解き散歩の勧め。ディープな歴史探索のお供に。
1600円＋税

古地図で楽しむ三河
松岡敬二 編著
地域ごとの大地の記録や、古文書、古地図、古絵図に描かれている情報を読み取る。
1600円＋税

古地図で楽しむ近江
中井均 編著
日本最大の淡水湖、琵琶湖を有し、様々な街道を通して東西文化の交錯点になってきた近江。
1600円＋税

古地図で楽しむ京都の近代
上杉和央／加藤政洋 編著
地形図から透かし見る前近代の痕跡、あったかもしれない景観、80年前の盛り場マップ探検。
1600円＋税

古地図で楽しむ金沢
本康宏史 編著
加賀百万石だけではない、ユニークな歴史都市・金沢の知られざる姿を読み解く。
1600円＋税

出されます。ホワイトボード横の照明スイッチを操作して、教室の前半分だけ照明を消されました。先生はほとんど動くことなく、ここまでの操作が出来ます。その他、機器（DVD、CD、VHSビデオ）のスイッチも、窓のシェードを上げ下げするスイッチも、全て前に集めてあります。先生にとってはとても便利。機能的な配置です。日本の教室もこうであればいいなと思いました。

レベル5の教室から見た中庭。良くできていた。こんなところにも、お金がかけられている

教室の入り口は分厚い鉄製の扉。ドアの横はガラス張りなので、中がよく見えます。窓のない教室もあり、コンクリート・ブロックに塗装しただけの壁なので、殺風景。大きさは、中学・高校（日本）の教室の三分の二くらい。正面と左右の壁一杯にはホワイトボード。三面とも使うことも。前方には、ホスト・コンピューターとつながっている、先生用のデスクトップ・パソコン。教室は、レベルによって建物ごと変わりました。レベル四では、大学生がゼミに使う部屋に。レベル五ではメイン・キャンパスの教室に（写真）。レベルのアップを、教室が変わることでも実感しました。教室内には、二人用の机が一〇脚くらいあります。

レベル三の時間割

	月	火	水	木	金
8:00 ～ 9:00			R & W		
9:00 ～ 10:00	R & W		R & W		R & W
10:00 ～ 11:00	R & W	L & S		L & S	R & W
11:00 ～ 12:00		L & S		L & S	
12:00 ～ 13:00	L & S		L & S		L & S
13:00 ～ 14:00	L & S	R & W	L & S	R & W	L & S
14:00 ～ 15:00	Pro	R & W	Pro	R & W	Pro
15:00 ～ 16:00		Pro		Pro	

R & W：リーディング・ライティング　L & S：リスニング・スピーキング
Pro：プロジェクト

ロの字型にしたり、前向きに並べたり、先生によって色々です。どこに座ってもOKです。

さて、科目は次の三科目。

①リーディング・ライティング
（Reading and Writing）（以下、R&W）

②リスニング・スピーキング
（Listening and Speaking）（以下、L&S）

③プロジェクト（Project）（以下、Pro）

①、②は文字通りの科目で、それぞれに教科書が一冊ずつあります。レベル三、四、五と学んだので、教科書は合わせて六冊買いました。全て同じ出版社のシリーズ本です（写真）。③のプロジェクトというのは、日本の小中学校で行われている「総合」のような時間です。幅広いテーマを基に、主に集団で作業を進めました。教科書はありません。例えば「健康について」

レベル3～5の教科書全6冊。シリーズになっているが、少し高かった

というテーマの時には、大学の看護コースの学生に「健康」をテーマにインタビューし、その結果をチームでプレゼン発表しました（＊1にその他のテーマ）。前ページの表は、レベル三の時間割。週に二五コマが基本です。レベル四、五では、一日六コマの日や、三コマの日も。

　レベル三の、リーディング・ライティングの先生はシェリー。リスニング・スピーキング、プロジェクトの先生はキャット。教室は先生によって決まっていました。私はレベル三から始め、一期ごとに一つずつ上がっていき、最終的にはレベル五を無事に修了することができました。「大学への入学資格はもらったよ」と家族に報告できます。悪戦苦闘の末とは言え、なんとか「故郷に錦《にしき》を飾る」ことができたのでしょうか[＊2]（笑）。

　スクリーン、プロジェクター、パソコン、ホワイトボードなど、教室そのものが学生の発表に適した環境。表現ということが大切にされている教育環境です。表現への意欲が、かき立てられました。

＊1　プロジェクトで扱った面白そうなテーマ
○シリアルについてのコマーシャル作り
○著名人の紹介
○死ぬまでにやりたいこと（『バケット・リスト』と言います）
○TEDトーク（一人語りスピーチ）
○投資を呼び込むアイデアの発表。『ドラゴンズ・デン』というテレビ番組の校内版。（詳しくは「第2章9」）
＊2　ESLコースに通わないで、大学へ直接入学するには、トーフルだと八八点／一二〇点、アイエルツだと六・五／九・〇必要です。

教科書――第一章のテーマには、あっと驚きましたが――

「人と会ったら、何でもない会話からコミュニケーションを始めよう」「隣人とのお付き合いの始め方は？」「就職面接の受け方は？」「面接を受ける時は、準備を怠るな、ふさわしい服装を、遅刻をするな」。これらは全て、第一印象にまつわる事柄。そうなんです。この「第一印象（ファースト・インプレッション：first impression）」が、教科書第一章のテーマです。「えっ？こんなことを大学でするの？」とビックリ。こういうことは、高校を卒業した若者にはやや失礼な内容なのでは？という思いも。

章の見出しは「社会学（ソシオロジー：sociology）」。具体的なテーマはこの「第一印象」。確かにこういうことの基本は必要ですね。けれども、日本の学校では授業ではやりません。多くは、家庭での「躾《しつけ》」の範疇《はんちゅう》でしょうか。面接についても、授業外での扱いですね。

でも、このように考え直しました。カナダにしてもアメリカにしても、民族の混住は日本よりもはるかに進んでいます。そうすると、異民族間で円滑なコミュニケーションを進めるためには、必要なスキルかも。思うに、日本でも第一印象の大切さをきちんと授業で扱うようになれば、コミュニケーションのあり方に一石を投じるのでは。ひょっとしたら、とても大切で有用なスキルかも知れないな、とまで思いました。この授業以来、第一印象を以前よりも意識するようになりました。

さらに、この第一章を読み直してみると、当たり前を越えた、なるほど、とうならせるようなことも書いてありました。就職面接での注意事項です。相手の言うことをさえぎるな、面接官が重点を置いていることに気づけ、尻込みせずに自分をまっとうに売り込め、会社の五年後の行く末など少々立ち入った質問を面接の最後にせよ、等です。カナダでこの章を学んだときには、このような内容に意識がキチンと向いていませんでした。なかなかすぐれものの教科書ですね。

稚拙な（?）テーマに驚いた、教科書への最初の印象。けれども、すぐにこの教科書の魅力に引き込まれました。日本でもこんな教科書で英語を学びたかった！と、思うまでに。というのは、「おっ！」と思わせる魅力的なテーマをたくさん扱っているのです。語学（英語）の教科書ですが、「動機付け（やる気）」にも力を注いで作られています。また、リーディング・ライティングとリスニング・スピーキングとの各章が同じテーマにそろえてあるなど、同じテーマを違う角度から深めるようになっています。先生方の教科書選択への意欲を感じました。さてそこには、どんなテーマが。

扱っているテーマがおもしろい！

初めて知りました。シンガポールには、ごみ処理と自然保護を目的とした人工島があるということを。マレー半島の先に位置する小さな国、シンガポール。ゴミ処理のために人工島を作り、さらにその島に自然保護の役割や、保養所の役割も持たせている、というのです。島の名前は「セマカウ島」。グーグル・マップで見ると、マレー半島の南端約五kmの沖合に。ゴミを埋めるための区分されたエリアが分かりますし、衛星写真ではすでに埋められているエリアも分かります。

ゴミ問題は、地球市民として避けては通れません。地元（日本）でも、ゴミ減量化の、目に見えた取り組みが始まりました。自治体指定のゴミ袋の値段が約四倍になりました（二〇一九年四月より)。値上げ分は、ゴミ処理の費用にもなります。

日本には『夢の島』というゴミ集積場(埋立地)がありました。しかし、海上に人工「島」まで作り、ゴミ問題の解決をはかろうとしている国があるということは初めて知りました。ゴミ問題は甘くない、相当に大変な問題だということ。そして、このような一歩進んだ工夫もすでに始まっているということ。シンガポールでのこの取り組みで、ゴミ問題の深刻さを深く実感しました。ゴミ問題への私の関心は高まり、ゴミの始末(分別)も、帰国後はいっそう丁寧にするように。

またある章の小論文の前置きです。「多くの人は、自分の人生を変えることを夢見る。けれども、二〇代を過ぎると、わずかの人しか大きな変化を作ることはできない。なぜならば……」というのです。変われるけれどもそこには壁がある、また変えることは難しいというのです。「偽りの希望症候群(フォールス・ホープ・シンドローム:false hope syndrome)」などという、初めて出会う言葉も出てきます。「いつでもたばこを止められるよ、と言っている愛煙家が、二〇年間吸い続けている」というような、「大きな変化を夢想するけれども、結局失敗している」という現象のことです。たしかにそういう面はあるのかも。

しかし、この小論文全体としては、変わろうという前向きな姿勢に水を差すような内容なのです。全否定ではないのですが、「大きな変化を追い求める人は結局、多くの場合とても小さな修正さえも作れずに終わってしまう」とも書いてあります。ここのところは、ちょっとカチンときました。私の、英語学習や学びへの意欲を否定されているようで、「くそっ!」と思ったものです。「何を言うとるんだ。俺はやるぞ!」と奮起し直しましたが。

けれども、これをきっかけに良かったことがありました。この章の終わりに提出する課題エッセイに、アリソンという学生がこんなことを書いてくれたのです。「Yasuは変わろうとがんばっている」と。それを小耳に挟んだ私は、彼女に頼んでその課題エッセイのデータを送ってもらいました。今でも手元にあります。うれしかったです。

ただ、冷静になって今考えてみると、「変えることはできなくはないが、壁は低くない」という指摘もまんざら全否定できないのかも。変えるといっても、「小さな成功体験を積み重ねること」をこそ目標にした方が現実的なのかもしれません。当時の私にとっては、大きな自己変革(英語習得)の真っ最中だったので、この指摘をそのまま受け入れることができなかったのだと思います。

他にも、「宇宙開発に巨額の資金を投入することには意義があるのか?」「地球市民であるとは?」「広告は有益か有害か?」「食と科学」「少数民族を発見するということは、良いことなのか?」「手書き・手作りの良さとは?」などなど、テーマを見るだけで、学習意欲の涌くような内容があふれていました。

さらにこの教科書には、各章の最初のページに、討論を指示する設問が必ずありました。例えば、「良きリーダーとは？」という章では、「リーダーとしての経験があるのなら、その時どんな壁（挑戦）と向き合いましたか？」「あなたの尊敬するリーダーはどういうところが良かったですか？」等です。これを、クラスメートと議論しなさいというわけです。

また、章ごとに、まとめのエッセイやプレゼンの課題が出されるのですが、その課題に取りかかるときにも、議論せよという設問があります。例えば、この「良きリーダーとは？」の章には、「①リーダーとしての重要な技能や資質は何ですか？　②権力を持つことの悪い面は何ですか？」という設問が。これだけでも面白い内容でした。討論を促すなど、英語による表現とコミュニケーションが大切にされていることがよくわかります。

またこの教科書には豊富なデジタル教材がありました。シールで隠してあるパスワードを使って、教材のサイトにアクセスします。すると、そこにはリスニング教材や様々の練習問題が。やる気があればいくらでも取り組むことができました。ただ、お高いのがちょっと難。一冊約五八〇〇円。一年間で六冊使ったので、合わせると計三万四八〇〇円にもなりました。

さて、面白かったのはその授業の進め方です。

やりとりの豊富な授業

「いや、自分はそう思わない」。隣に座っていたローガンという学生が、突然彼の意見を述べ始めました。テレビゲームは遊びなのかスポーツなのか、ということが授業で話題になった時です。テレビゲームはスポーツだという持論を、彼は展開します。

授業の進め方で一番印象に残っているのは、その双方向性です。先生と学生とのやりとりが大変多いのです。語学用の少人数クラスなので、発言がしやすい環境だったのかもしれませんが、学生からの質問や意見がとてもよく出るのです。日本とは全く違います。ちょっとでも分からないことがあるとすぐに質問が出るのです。また、先生と意見が違う時には、「いや、私はそうは思わないが」などの発言が飛び出します。私は、こういう授業が好きでしたので、その雰囲気に積極的に入っていきました。

そういう雰囲気の中での体験です。シェリー（レベル三のR&W）の授業で、「エンスージアスティック（enthusiastic）」という新しい単語が。辞書には「熱狂的な、熱意のある、熱心な、やる気のある」と書いてあるのですが、なぜかピンとこなかった私。「分からない単語はありませんか？」というシェリーの言葉を受けて、「エンスージアスティックの意味が分かりません」とすかさず質問。すると、椅子に座って教えていた彼女は、そのまま背筋を伸ばし、前方の黒板をキッと見つめる姿勢をとりました。そして、必死でノートを取る動作も。興味関心を持って意欲的に学んでいるのだという様子を、彼女は体を使って表してくれました。この情景は今でもありありと思い出すことができます。おかげで、単語の持つ実感をつかむことができました。ありがたかったです。もうこの単語の意味は忘れません。

また、キャット（レベル三のL&S）は受け答えがとても柔軟。対立するような意見だったり、やや失礼かなと思うような発言だとしても、彼女は上手に舵を取ってよい流れを作りながら授業を進めました。双方向性を生かした授業の進め方でした。私は元高校の教師ですが、このような時にはきっといらついてしまって、ムキになっていたのではと思います。彼女のやりとりは、学生の人格を尊重する素晴らしい対応でした。色々なところで、数々の修羅場をくぐってこられたのではと思わせる方でした。

帰国後、ある市民講座に出席。講師は大学の先生。受講生は一般の方が一〇人くらい。講義が中心の講座です。双方向性は残念ながら乏しく、ムズムズしながら講義を聞くことも。とはいえ、受講中の発言はカナダ渡航前よりも増えました。日本でも、双方向性の豊かな講座が増えてきているのでは。やはり、やりとりの豊富な授業は、心が弾むような気がします。

7　思い出に残る先生たち

一番印象深い先生、キャット

オジサンは、すかさず一番に手を挙げ、教室の前に出て立ちました。初めてのプレゼン発表。レベル三のリスニング・スピーキングの時間です。一七人の若者が見ています。それなりの準備はしてきたつもりです。「どうだ！」とばかりに、手振り身振りを交えて、一分少しのプレゼン（スピーチ）を始めました。ところがです。テーマは「第一印象」。通学途中のバスでの、思いがけない出来事を元に話します。スピーチの中程で、なんと突然頭の中が真っ白に。原稿を忘れてしまい、詰まってしまったのです。教室に満ちる沈黙……。慌てました。期待外れでがっかりしたのか、ガクッと体ごと机に伏せる学生もいます。

それは、授業が始まって二週目のこと。プレゼン発表に当たり、先生はまずこんな説明を。「原稿を見ながらでも構いません。座ったままでも、その場で立つだけでもいいです。もちろん、前に出てきて立って発表してもＯＫ」と。さらに、順番の指示もなし。当てられもしません。つまり、自分から手を挙げて、やりたいようにやりなさい、という訳です。学生に全てが委ねられました。なにか挑戦状をたたきつけられたように思ってしまった私。キャットの授業でのことです。

このキャットという先生は、一番印象深い先生なのですが、学生の意欲を引き出すことに常々心を砕いておられたのではと思います。

例えば、この本番だけではなく、プレゼン課題を出すときの説明の仕方からしてそうでした。いつもは穏やかに話すキャットが、突然厳しい表情になり、「来週はプレゼンをします！」と話し始めます。教室に緊張が走り、身構える私たち。「これはミスが許されない。プレゼンは、その出来不出来がその場で見えてしまう。上手くできれば自信になり次の活力にもなる。しかし、そうでないと学習意欲が下がってしまうのでは？　ここはひとつ勝負のしどころ。六三歳のオジサンが、二〇代の若者の前で恥ずかしい姿は見せられない。日本人としても（とまでは、思ったかな？）」。事前にキャットに原稿をチェックしてもらい、稽古も重ね、それなりの準備をして臨みました。ところがです、プレゼンをなめていたのかも知れません。一番に手を挙げ、原稿なしで、しかも前に立って話す。自分にとって最高度のチャレンジをしたのですが、あえなく「討ち死に」（笑）。赤っ恥をかいてしまったのです。けれども、この失敗は次からのプレゼンの教訓やバネになったと思います。

このように、キャットには知らず知らずのうちにやる気や闘争心を引き出され、一生懸命になってしまいました。雰囲気作りがうまいなと感じたことも度々。学生たちをいろいろな場面でその気にさせるのが、うまいなと思いました。

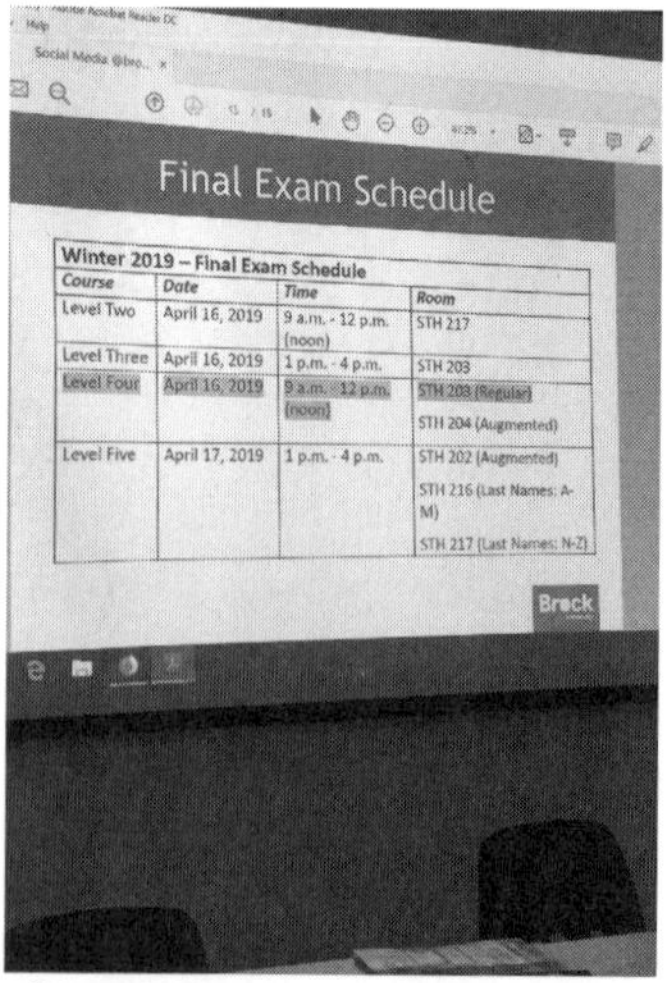

2期目の最終テストの日程発表。教室のスクリーンを使って

また、定期テスト（写真）の時にはこんなことも。定期テストは一期に三回。定期テストだけで判定されるのではないのですが、成績不良だと上のレベルに進級することができません。[*1] 実際に上のレベルでは少なからずの留年生がいたのです。誰もが緊張して受ける定期テスト。その初めてのテストの前日に、キャットは、動画を使ってこんなことを私たちに教えてくれました。それは、「自信の湧いてくるポーズ」です。こんなことを教えてもらったのは生まれて初めて。「両足を少し開いて立ち、両手を腰に当てて胸を張り、やや上を向く」という姿勢。この姿勢を想像するだけでも、自信が湧いてきませんか。「なるほど」と思った私は、二回目のテストの時には、試験開始直前に教室をさっと抜け出し、隣の空き教室で一人になってこのポーズをやってみました。なんとなく、自信が湧いてきたように覚えています。彼女は、こんなことにまで気を配ってくれた先生でした。

一年間でお世話になった先生は七人。中でもこのキャットがいろんな意味で一番印象深く、思い出に残っている先生。日本では出会ったことのないタイプの先生でした。私は元教員ですが、子ども達のやる気そのものを引き出す、ということにまでは力が及んでいなかったかも知れません。こういう先生が増えるといいと思います。こんな先生なら、日本の子ども達も嬉々として授業を聞くのでは。さて、そのキャットとはこんな思い出も。

＊1　定期テストは成績の三五パーセントを占めます。

『ニーチェ』をくれたキャット

「この本はYasuにさしあげます」

「ありがとうキャット！　この本は私のお棺に入れてもらいます」

"Nietzsche is one of the few philosophers since Plato whom large numbers of intelligent people read for pleasure."—Walter Kaufmann
BASIC WRITINGS OF
NIETZSCHE
今も本棚に並ぶ『ニーチェ』。キャットからもらった

帰国間際のことです。一年間のお礼とお別れをキチンと言いたくて、キャットに授業後に時間を取ってもらいます。これぞ、というティーポットとカップのセットをお礼に渡します。そして、彼女に返すために持ってきていた、「ニーチェ」（ドイツの哲学者）の英訳本（写真）。これは、日本に持って帰りたかったのですが、言い出せ

ません。すると、彼女は私の気持ちを察してくれたのでしょうか、「この本はYasuにさしあげます」と。嬉しかった。この本を見ると、カナダでの苦闘が今でも思い出されます。

一年間にも渡る初めての海外生活。想定外の出来事、うまく処理できず残念な思いをした出来事など、たくさんありました。最初の大きなトラブル、それは自転車サドルの盗難。渡航して約一ヶ月後に中古の自転車を購入。しかし、その三週間後にサドルが盗まれてしまったのです（第3章5）。だれかにこのことをとにかく語りたく、思いあまってその顛末《てんまつ》をキャットに話しました。話がしたいというと、彼女は気軽に時間を取ってくれました。これだけではありません。そのような時間を何度取ってもらったことでしょう。救われました。上手くいったことならば、より前向きな気持ちになれました。上手くいかなかったことなら、それに共感してもらうだけでも、ずいぶん気持ちは安らぎました。時にはいいアドバイスもしてくれました。私にとっては、ステキなカウンセラーだったのかも知れません。

ニーチェのこの英訳本は、彼女が高校生の時に、母国クロアチアで読んだというその本。鉛筆の書き込みがあります。ニーチェの話題が出たときに、「読んでみないか」と貸してくれたのです。「わかるのかな?」と思いつつ借ります。しかし、これは大切にしなければと、カバーを付けて本棚に立てて置きました。何度かは開いたでしょうか。

別れ際には、お礼の贈り物をしようとかねてから考えていました。何にしようかと思い、これしかないとひらめいたのは、ステキな絵柄の入っているティーポットとカップのセット。隣街（ナイアガラ・オン・ザ・レイク）[*1]にある劇場のグッズ・ショップで見たもの。彼女は、紅茶が好き。背の高いコップに紅茶を入れて、しばしば教室に持ってきていました。休日に、片道一時間かけて自転車で買いに行きました。

また彼女は、労働組合の活動家でもありました。聞くところでは、七年前にＥＳＬコースの先生方で労働組合を結成し、三週間のストライキを決行して要求を実現したとのこと。彼女はその時の組合副委員長。ＥＳＬコースの先生方は、その当時は「非正規」雇用だったそうです。一期（四ヶ月）ごとの雇用契約だったので、「来期の仕事はありません」と言われると、突然仕事を失うことになったそうです。ストライキのおかげで要求が通り、その後はキャットをはじめ「正規」雇用の先生方が増えたそうです。在職中に熱心に教職員組合で活動していた私。そんなところでも、気持ちが通じたのかも知れません。

さらに、彼女は強い人でもありました。留学も後半になったにもかかわらず、会話の聞き取りに悩んでいた私。そんなことを彼女と話しているときです。彼女はクロアチアからの移民なのですが、「ネイティブとの会話が英語で普通にできるようになるのに、七年かかった」というのです。「えっ！」と驚きました。あのキャットにしても七年もかかったのだと。移民ゆえの厳しい体験が彼女にもきっとあったのだと思います。彼女は、その体験を踏まえ、私たちＥ

ＳＬコースの学生に接してくれていたのだと思います。だから、私たちへのまなざしはいつも優しかった。しかし、優しさだけではありません。その移民としての体験や母国での体験からでしょうか、芯の強い人でもありました。[*2]

ただ、そんな彼女も一時期、少し元気のない表情で授業をしていたことが。もちろん、彼女にも彼女なりの生活がある訳で、いろいろあるのでは？と思っていました。勝手にいらぬ想像もしたのですが……。元気がやや回復してからです。「この間、少し元気がなかったですね」とキャットに声をかけます。「Yasuは、気づいていたのですね」と。彼女の「優しさ」や「強さ」、そして時に見せる「弱さ」。そんなあふれるような人間らしさに、きっと私は惹かれたのだと思います。

＊1　ナイアガラ・オン・ザ・レイク。イギリスの雰囲気が色濃く残る隣町。セント・キャサリンズの東側に接しています。ここでは、演劇祭が毎年開かれます。ＥＳＬコースの遠足でこの街へ行った時です。観劇することもあるのではと劇場巡りをして、そのグッズ・ショップで見つけました。
＊2　カナダは移民の国。その数は、人口の約二〇パーセント。移民には「言葉の壁、制度の壁、心の壁」があると、帰国後に学びました。

個性豊かな先生たち

「トラブルが毎日起こるんです。何かが起こるんです。トラブルの対応で、毎日毎日大変なんです！」と思わずこぼしてしまった私。それに対してジャネットはこう言うではありませんか。「英語の練習になっていいわね！」と。ジャネットとは、ESLコース相談窓口の職員。それは、第三期目が始まる五月初めのこと。バスに乗ろうとしたとき。「この定期券は使えないよ。お金を払って」と、運転手から突然言われてしまったのです。「えっ、なんで?!」。想定外のトラブル。五月からは大学が夏休み。そのために起こったトラブルでした。

その定期券のことで相談窓口を訪れたときのこと。彼女に思わずこぼしてしまったのですが、先の言葉を返されました。実はこの時には、買い物を巡ってのトラブル（第3章5）にも巻き込まれていました。「人の苦労も知らないで！」とは思いましたが、彼女の言うことも当たっています。トラブルが起これば、対応しなくてはなりません。向き合うことを強制されます。使える限りの英語を駆使して、立ち向かわなければなりません。この意味では、英語学習の絶好の機会といえるのかも。とはいえ、「ジャネット。こういうことはあまり言われたことがない。あなたの名前は忘れないからね」と捨て台詞《ぜりふ》（?）を残して受け付けカウンターを後にしました。

何人もの先生にお世話になりましたが、印象に残る先生ばかり。同僚の先生が誕生日に教室を飾り付け、その中で授業をしたこともあるシェリー。投資を呼び込むアイデアのプレゼンをしたときに、「儲かりそうで面白そうだ」と、私たちのグループを最終発表会のクラス代表に選んでくれたフィル（口絵②）。彼は、またESL労働組合の委員長でもありました。トーフル（英語検定試験）を受けながら英語を学習し、英会話が突然聞き取れるようになったという、中国移民のジュン（口絵①）。彼女はブロック大学の講義も受講。娘さんがナッシュビル（米国・テネシー州）で音楽活動をしているローラ。彼女は時々学生を招いてパーティーを開催。プレゼン課題の説明がうまいイーアン（口絵②）。彼は、労働組合の会計担当。ESLコースの責任者ジェフリー。彼は、担当していることで依頼を持ち込むと、素早く対応してくれました。課外活動担当のジョン。早口で英語がわかりにくいのですが、筋トレを欠かさず、足の筋肉隆々の彼女。そして、二階の「何でも受け付けカウンター」に座っていたジャネット。

今風に言うならば、キャラが立っているとでもいうのでしょうか、どの先生も一人一人が強い印象。自分の主張をはっきりと言う、カナダ流の生き方の先生方なのでしょう。日本の学校でもこういう先生が増えると、学校ももっと面白くなるのでは！

8　思い出深い学生たち

料理の上手なチャイ

「プロテイン、プロテイン」。彼の口癖です。プロテインとはタンパク質のこと。彼がスマホで見せてくれた写真には、筋肉モリモリのボディー・ビルダー山岸秀臣《ひでただ》が写っています。日本では著名だそうですが、私はこの時初めて知りました。見せてくれたのは、中国人学生のチャイ。山岸を目指して筋トレに励み、タンパク質を食べることを心がけています。それで、口癖は「プロテイン」。

学生なら無料で使えるスポーツ・ジムが大学にはありました。筋力が落ちないようにと、週に一回は通う私。チャイにはそこで何度も会いました。筋トレマシンの効果的な使い方を教えてくれたことも。その上、彼は街の民間ジム（有料）にも通い、山岸目指して「筋トレとプロテイン」の日々なのです。

そんなチャイとは、すでに話のできるチャンスがあったのです。それは、開講してすぐの土曜日にあった、ナイアガラの滝への小遠足。[*1] 校舎前に来る何台ものバス。どれに乗ってもよいのです。カナダらしい、おおざっぱな対応！　さてバスに乗り込み、座ろうとしたらすでにチャイが座席に。「やあ、チャイ」と声をかけ、会話には少し不安を感じつつも思い切って隣に。カナダについてまだ一週間しか経っていないときです。初めのレベル三のクラスと最後のレベル五のクラスで、彼とは同じクラスに。ESLコースのいわば同期生です。彼は、ESLコース修了後、ブロック大学の体育系学部に進学。それが、彼の留学の目的。

さて、バスで隣り合った私達。話が弾みます。彼は、中国では芸術系の高校に通っていたのですが、その後進路を体育系に変えたとのこと。山岸の写真を見せてくれるなど、「日本通だなあ」と思っていたら、日本映画の話題に。『七人の侍』（監督・黒澤明）や『万引き家族』（監督・是枝裕和）の話が出ます。ちょうどそのころ日本でも是枝は話題になっていたので、「えっ！」と驚きました。芸術系の学校に通っていたせいか映画のことに詳しく、映画の話題でずいぶん盛り上がります。私も映画は好きな方なので、意外なところで意気投合し、新しい友人ができました。彼とは、結構立ち入った話も。「日中戦争は、日本の中国への侵略だったのでは」と、日中の歴史を語ったこともありました。

ESLコース一期目では、彼はホームステイをしていましたが、二期目以降は、一軒の家を共同で借りてのアパート住まい。台所、トイレ、シャワーなどは共用で、働いている青年も住んでいます。チャイはその台所で料理を作り、自炊していたのです。「すごいやつだなあ」と思っていたのですが、レベル三の「お別れのお泊まり会」（第2章8）では、その料理の腕を発揮。鶏の骨付き肉の煮物を作ってくれました。骨付き肉を一度炒め、そして煮るのですが、なんと缶ビールを煮汁に加えているのです。「いつもビールを入れるのか？」と聞いたら、「そうだ」と言っていました。ビールで煮た鶏はどんな味がするのだろう、と興味津々で食べましたが、これがまたおいしかったのです。

さてチャイにはイタズラっぽいところもあり、授業中にスマホをよく使うので、「チャイ、スマホをしまいなさい！」と毎時間のように先生から注意されていました。スマホで英語の辞書を検索することは頻繁にあるので、「授業中にスマホを使うな」というのは、徹底しにくかったのですが。

見送りに来てくれたチャイ

チャイのことで一番うれしかったのは、帰国間際のこと。彼のアパートで、お別れの食事会を開いてくれたのです（口絵④）。初めて彼のアパートに行きます。既に、日本の学生ミオとハナノが来ていました。チャイが呼んでくれていたのです。チャイの手作り料理を食べ、楽しい時間でした。最後に四人で写真を撮り、私は酔っ払いながら自転車で帰宅。

さらに忘れることができないのは、最後のレベル五が終わり、セント・キャサリンズを私が去る日のこと

（二〇一九年八月二五日）。彼はバス・ターミナルまで見送りに来てくれたのです（前ページの写真）。私はバスに乗り込みます。バスはなかなか出発しません。しかし彼は、バスが駅を離れるまで待ち、私を見送ってくれたのです。その時のことを思い出すと、ちょっと胸が熱くなりますし、感謝の気持ちがあふれてきます。

＊1　カナダの文化を学ぶことも、ＥＳＬコースの目的。それで、これとは別に各期に遠足が一度ずつありました。一期目はワイナリー見学、二期目はメープル・シロップ工場見学（写真）、三期目は隣町のナイアガラ・オン・ザ・レイク市散策。この街はイギリスの影響を色濃く残しています。遠足のレポートは必須課題なので、全員参加。とはいえ、どれもが印象に残る遠足でした。

メープル・シロップ採集。カエデの幹に蛇口を付けてバケツに集める。昼食は、ホット・ケーキにメープル・シロップ（カバー）

韓国の青年チャン、ベトナムのカール、中国の移民ガストン[＊1]

「来年軍隊に入るんだ」と言っていたのは、韓国の青年チャン。レベル三で出会いました。教室で彼の隣の席にたまたま座ろうとしたら、驚いたことに私の椅子を引いてくれたのです。

「韓国は儒教の国。年長者を大切にしてくれるのだなあ」と思いました。彼らとダウンタウンで飲んだときも、「大丈夫ですか？」というメールを先に帰った私にくれるなど、気を遣ってくれました。とても社交的な性格で、「飲みに行こう！」とクラスメートをしばしば誘います。きっと彼のおかげで、クラス内の交流が進み、仲のよいクラスになったのでしょう。それもあって、「お別れのお泊まり会」（後述）ができたのでは。

「軍隊に入る」と聞いてハッとしました。「兵役」です。調べてみると、韓国の青年には一八歳から二八歳までの間に、一八ヶ月間から三六ヶ月間の兵役が課されていました。チャンもその兵役を控えて、ちょっと緊張気味。隣国とはいえ制度の違いを肌身で実感しました。

「ベトナムの首都はサイゴンでしたね」と思わず言ってしまった私。「いいえ、首都はハノイです」とすかさず彼女に訂正されました。間違いを指摘され、「しまった！」と。それは、ベトナムから来ていたカール。レベル四で同じクラスになった学生です。席が隣になったときの彼女との会話。首都がサイゴンだった（にもあった）のは、はるか昔のこと。

私たちの世代にとってベトナムと言えば、まず思い出されるのは「ベトナム戦争」（一九六〇年〜七五年）。多感な中高生時代にも続いていた戦争で、当時は「北ベトナム」の首都がハノイ、「南ベトナム」の首都がサイゴン。『サイゴン陥落』により、一九七五年に戦争は終わります。南ベトナムを支援していた米国人（兵）が、先を争ってベトナムから逃げていくという映像も目にしていました。

ベトナムについてはそれ以外にも、個人的な思い出がありました。大学に入学した時（一九七三年）、私のクラスにはベトナム人の留学生がいました。留学生そのものが珍しかった時代です。二年生の四月、新入生を歓迎する恒例の行事で、飲んで騒いでいるときです。その彼は酔っ払った勢いで、「ベトナム・イズ・ワン・カントリー！（ベトナムは一つの国だ！）」と、はしゃぎながら走り回ったのです。ベトナム戦争の終結と、祖国の統一を願っていたのでしょう。ところがです。その年（？）だったでしょうか、大学構内のプールで彼はなんと溺れて死んでしまったのです。戦禍のない日本での出来事であり、さぞ無念だったろうと思います。

私はその出来事をカールに話し、その中で「ベトナムの首都はサイゴンですね」という会話を交わしたのです。ベトナム戦争は、彼女の生まれるずっと前。「当時のベトナムは北ベトナムと南ベトナムに別れていて、北の首都はハノイ、南の首都はサイゴン」だったと私は話しました。すると、「南ベトナムというのは、国ではありません。ベトナムの一地域だったのです」と彼女は言うのです。「当時は、ベトナム民主共和国（北ベトナム）とベトナム共和国（南ベトナム）があり、それぞれの首都は、ハノイとサイゴン。現在は統一されてベトナム社会主義共和国となっている」というのが、日本での認識ですね。歴史に対する認識の違いがあるのでしょう。

それはさておき、私の古い思い込みで、ベトナムの首都を「サイゴン」と言ってしまったことには、思わず苦笑。


教室でプレゼンをしている三〇代の中国青年。堂々と、誇りを持っての中国の「食」について語っています。最近子どもが生まれたばかりの彼。「娘は中国語で育て、文化的にも中国人として育てるのだ」と言っていました。民族への強い帰属意識を感じました。

それは、中国の移民ガストン。生まれたばかりの娘さんの写真を、クラスのみんなに見せてくれたことも。移民してから一〇年以上カナダに住んでいます。ブドウ農園を購入し、ワイン造りを目指しているとも。前向きに頑張っているガッツのある青年事業家です。英語の会話力は群を抜いていました。きっと読み書きの力を伸ばしたいがためにＥＳＬコースに入学したのでしょう。食と国への誇り。そんなことを感じさせてくれた学生でした。

＊1　中国人の学生もベトナム人の学生も、自分で付けた英語の名前でお互いに呼び合っています。ジャック、ジェームス、リリアン、オリビア、ガストン、ジャスミン、アリソン、ビル、アレン、ローガンなどなどです。みんな中国人なんですよ。

各地から来ていた日本の学生たち

さて、日本から来ていたのは、神戸大学、同志社大学、東洋大学、法政大学、名桜大学（沖縄）の学生たちでした。滞在期間は、四ヶ月～一年と様々です。

一番印象深かったのはある大学の一〇ヶ月プログラム。レベル四の途中から入学して、二ヶ月間レベル四で学び、次にレベル五の四ヶ月を修了したあと、さらに大学に入学。そこで、単位を取るための授業を一期（四ヶ月）受けます。英語の得意な学生が多く、中にはレベル五でのリスニング・テストで百点満点を取った学生もいたほどです。私にとってはとりわけ聞き取りが課題だったので、「すごい！」と思いました。この大学のプログラムはよく考えられていると思いました。英語を習得する目的意識がはっきりしています。ＥＳＬコース修了後に大学に入学して単位を取る。この目的意識のせいか、学習意欲も高かったように見えました。

その他にも、こんな学生たちに囲まれました。同じホームステイ先だったシュンヤ、年配の私に気を遣ってくれたアイ、ダンスの部活に入ったナオミ、こっそりと日本語で話したユキ、英語を上手に読んだユースケ、誕生日をみんなで祝ったサキ、京都で私がかつて住んでいた街から来ていたマユイ、外国人と結婚するかもと言っていたナナ、ホームステイのことでいろいろ話をしたカズキ、サッカー・クラブに入ったもうひとりのカズキ、貪欲に学ぶツバサ、ちょっと控えめな印象だったモモカ。こういう学生たちと肩を並べて学びました。

六三歳のオジサンとよく付き合ってくれたなと思います。ほんとうにありがとう。私を呼びかけるときに、英語なら「Yasu」でよいのですが、日本語の時は「ヤスさん」とさんをつけてくれたのは、ありがたかったです。やはり日本の六三歳でした。

彼らとの心温まる交流。飲み会、食事会、お別れのお泊まり会

「Yasu は来ないのか?」と声をかけてくれたのは、日本人学生のアイ。最初のレベル三が始まって三週目の週末、若者たちがなんと私を飲み会に誘ってくれました。こんなこともあるかな?と期待していたのですが、うれしかったです。お店に行くと、韓国から来ていた社交的なチャンもそこにはいて、みんなで暖かく迎えてくれました。総勢六人です。

①ダウンタウンのコリアン・レストラン。ここに集まった

そこは韓国料理店（写真①②）。その店を出てからパブに行きました。そこにはすでに、韓国人学生のハナとウンソがいました。総勢八人です。もう少し飲んだ後で、ゲーム（手遊び）が始まりました。自分に回ってきたら、右手、左手とスナップをして、次の人の名

②その店の中。このテーブルを囲んで座る

前を呼び、その人に回します。続けるうちに、そのスピードがだんだん速くなります。オジサンは、ついて行けなくなりました。別のゲームになります。今度は内容が複雑で頭がついて行きません。若者の、速くて複雑なゲームについていけず、明日のボランティアの準備もあったので（これは本当）、早々に退散。時計を見たらまだ七時半でした。「大丈夫ですか？」というショートメールが夜遅くにチャンから来ました。ありがたかったです。

レベル五の時にも、若者たちが昼の食事会に誘ってくれました。この時も、日本人学生のリクが声をかけてくれたので、自然に参加することができました。リクは、コミュニケーション力抜群の学生。外国で生活するには、なによりも語学力！と思っていましたが、彼のやりとりを見ていると、それ以上にコミュニケーション力が大切だと思わされました。自分から積極的に関わり、さらに言葉、身振り手振り、表情などを駆使して、自分の意志をなんとか伝えようとする。こういう気持ちがあると、コミュニケーションは、質量ともに豊かになります。そんな突破力を感じさせてくれた学生でした。

さて、若者との交流で印象的だったのは、「お別れのお泊まり会」。社交的なチャンのおかげで、レベル三のクラスはとても仲の良いクラスに。一期目が終わる一二月に、一泊でお別れのお泊まり会をしたのです。家を一軒貸し切り、そこのキッチン、食堂、居間、シャワー、寝室などをつかい、一晩過ごします。

二階建てのとても大きな家で、キッチンや食堂も広く、寝室も三つか四つあったと思います。とにかく立派な家でした。貸し出しているのでしょう。電子レンジ、食洗機（食器洗い機）はキッチンに作り付け。一軒目のホームステイ先でも二軒目でも、この二つは作り付け。カナダでは、どうもこれが「標準装備」のようでした。日本でもそういう家が増えているようですね。

私が着くと、すでに調理が始まっていました。中国人のバン、チャイ、オリビアが、食事係を買って出てくれていました。料理を担当したのは、この中国人の学生三人。私も手伝いましたが、肉や野菜を切ったり、使い終わった食器を洗ったりするだけ。料理そのものは、この三人が。チャイは次の学期からは自炊で生活するのですが、料理が得意のようで、手際も良く、炒めた鶏肉を煮るのに、なんと缶ビールを注ぎ込んでいるのは、先に書きました。

食堂のテーブルに彼らの作った中国料理が並びます。「豪華」でした。まさに宴会用の料理。食べ始めます。これまた「おいしい！」のです。「すごい！」の一言に尽きます。高級な中国料理店で、回転テーブルを囲んでいるかのような料理なのです。ここでも、彼ら中国人の

「食」へのこだわりと誇りを感じた次第です。

夕食後、一言ずつ話そうということになり、それぞれにカナダでの感想やお礼を言います。ある日本の学生が「Yasuの情熱はすごい！」と言ってくれたのがうれしかったです。韓国の学生ウンソも帰り際に手紙をくれましたが、そこにも私の情熱を書いてくれていました。自分でも、よくカナダに来たなあと思ってはいましたが、周りからもそのように言われて本当にうれしかったです。

さて、私の番です。「ここにいる皆さんとは、多分、もう二度と会わないかもしれない。けれども、万が一私をどこかで見かけたなら、どんな遠くからでもいい、『Yasu!』と大声で呼びかけて欲しい。僕はその時はひょっとしたら車椅子に座って、誰かに押してもらっているかも知れない。うまくしゃべれないかも知れないし、手も震えているかも知れない。どうか、そんなことに構わず、僕の名前を呼んで欲しい」と言いました。成田、セントレア、はたまたＪＲ名古屋駅頭で「Yasu!」という呼び声を聞けたなら……。あのような若者達と肩を並べて学ぶことができたことを、本当に幸せに思います。

帰国して半年後にコロナ禍。ブロック大学に進学した学生も、帰国した日本の学生も難しい学習環境に置かれてしまったことでしょう。三年生で帰国した学生は、コロナ禍での四年生。その中で就職や進学に向き合うなど、厳しい学生生活だったのでは。それぞれに精一杯、社会で羽ばたいていて欲しい。改めて、ほんとうにありがとう。ひょっとして、どこかで彼らと出会えたら。そんなシーンを想像しています。

9 プレゼンテーション

『ペチャクチャ・プレゼンテーション』

正面のスクリーンに、次々と映し出される映像。夜空に浮かぶオーロラ（次ページの写真）。ワシントンの国会議事堂の前にいる、四〇年ぶりに再会した大学時代の友人O君と私。そして、ニューオリンズでのジャズの演奏風景……。その横でプレゼンする私。これは、ペチャクチャ・プレゼンテーションという課題での発表風景。ペチャクチャは、日本語の「ぺちゃくちゃ」が英語化したものです。スライドの総数は二〇枚。二〇秒ごとに自動的にスライドが変わっていくように、パソコンを設定。つまり、四〇〇秒の間、ずっと話し続けるという、ちょっと挑戦的な課題なのです。

テーマは『バケット・リスト』。「死ぬまでにこれだけはやってみたいこと」のリスト。『最高の人生の見つけ方（原題：ザ・バケット・リスト）』[*1]というアメリカ映画があります。死ぬ間際に出会った二人が、やりたかったことをやり遂げるという映画です。例えば、「荘厳な景色

冬にイエロー・ナイフ（カナダ）で見たオーロラ。この写真をプレゼンで使う

を見る」「赤の他人に親切にする」「涙が出るほど笑う」「スカイダイビングをする」「ライオン狩りに行く」「世界一の美女（?）にキスをする」などなどです。こういうリストを自分で作って、プレゼンしなさいという課題。しかも、約七分間話し続けます。これは、レベル四後半での課題。

ただ、その内容にはちょっと工夫を。というのは、既に私は六三歳。これまでに実現できた夢がいくつかあります。それを、冒頭に持ってきました。それは、最初に書いたこと以外に、「四国八八カ所の歩きお遍路」「今ここでの語学留学」。それに続くこれからの夢というのは、「シルクロードを歩く」「クリムトの絵『接吻』を見る」「ローマ法王に会う」「ヨーヨーマのように、チェロを弾く」「グランド・キャニオンへ行く」「ゴールデン・ゲート・ブリッジを見る」等々です。そして最後はちょっと演出を。一九枚目が終わった後で、「あっ、そうだこれを忘れていました！」と言って、セリーヌ・ディオンがステージで歌っているところを大映しに。そして、「彼女のコンサートに行くこと」を最後の夢に。この演出がとても受け、「当たった」という感じでした。ちなみに、彼女はカナダ人。

　プレゼンテーション（プレゼン）を語り出すと、次から次へと思い出が浮かんできます。自分からガッツを持って取り組んだプレゼン。プレゼン課題は、一期に六回。先にも書きましたが、最初のプレゼンは「第一印象」について。「よし！　オジサンの輝きをみせてやろう！」と、張り切って準備。しかし途中で原稿を忘れ、頭が突然真っ白になったことは、先に書きました。ちょっとショックでした。評価表には、「長すぎる沈黙」というコメントが。次の課題は「一番好きな料理」。輝くことよりも、無難にやり遂げることを目指しました。この日は我慢して、座ったままでのプレゼンです。それでもアイ・コンタクト（目線）には気を配り、教室にいる学生全体に注意を払います。この時は、詰まることなく無事に終了。クラスメートが「Yasu. いい出来だったよ」と言ってくれた時は、本当にうれしかったです。

プレゼンの自撮り。練習、練習、そして練習

　とはいえ、プレゼンは練習がものを言います。「練習、練習、練習！」です（写真）。会話では、その場の瞬時のやりとりが求められます。会話でネイティブのような域に達するには何年もかかる

とのこと。しかし、プレゼンは練習すればなんとかなる分野だったのです。ですから、プレゼンの練習には結構気合いを入れ、何日も前から始めました。練習を重ねると、プレゼンは確かにうまくなっていくのです。自分でも分かりました。練習三日目くらいになると、原稿の英語になじんできて、スラスラと出るようになって来ます。

練習の場所は？　それは、空き教室。勝手に入って練習をしました。自分のパソコンを持ち込み、パワーポイントの画面を教室のスクリーンに映します。土曜日だと、ＥＳＬコースすべての教室に鍵がかかっていることがありました。そういう時は大学の校舎も使います。できるだけの完成度を目指して、思う存分練習しました。プレゼン本番の日は、ホームステイ・ハウスをいつもより早く出て、早朝の空き教室での練習も。なぜここまでこだわったのか。それは、六三歳の輝きを見せたかったのです。若者に後れを取りたくなかったですし、学びへの情熱を示したかったのです。

稽古の甲斐あってか（というか、狙っていたのですが）、私のバケット・リストのプレゼンは、クラスの代表に選ばれ、学期末に開かれる、ＥＳＬコース全体の発表会に出場できることに。私は、ここぞとばかり張り切ります。発表会の一週間くらい前から再び稽古を始め、担当の先生（ジュン）にも一対一で聞いてもらって批評してもらうなど、満を持して臨みました。なんとか自分を一〇〇％表現することができ、成功裏に終わらせることができました。何人かの先生からも「良かった！」という言葉をいただきました。これまでに実現できた夢やこれからの夢を、発表会という場で思いの丈語る。最高の自己表現ができたことに、この上ない達成感を味わいました。次の学習への活力になったことはいうまでもありません。

＊1　監督R・ライナー、主演J・ニコルソン、M・フリーマン、二〇〇七年

『ドラゴンズ・デン』

この日は、日本から持ってきていた、一張羅のスーツで臨みました。ネクタイもお気に入りの、数式の入ったもの。退職時に娘がプレゼントしてくれたものです。レベル五（最終学期）の学期末、それは帰国間際の最後の発表会。なんとこの発表会にも、クラス代表として出場することができたのです。それは、この一年間の集大成とも言える発表。今度は、三人のチームで臨みます。

このプレゼンは、ドラゴンズ・デンという課題。これは、カナダのテレビ番組の名前です。「三、四人の投資家に対して、新しい事業のプレゼンをします。その投資家が、その事業が見込みがあると判断すれば実際に投資の約束してくれ、事業として現実に立ち上げることができる」という番組なのです。日本には、ここまでの番組はありませんね。投資家は、自分の取り分もプレゼンターに尋ね、「よし！いける」と判断すれば、投資の約束をします。これの学内

版です。と言っても、本当に投資するわけではありませんが。これはレベル五最後のプレゼン課題。相棒は、中国人のチャイと日本人のリクです。

　私たちは、チャイの発案で、「アジア系フードの売店とレストランを、大学構内に開業する」というプランで臨みました。ブロック大学にはアジア系の学生は八％います（二〇一七年）。この学生をターゲットに事業を立ち上げようというわけです。アジア系フードの値段が日本よりも高いという生活実感を、私はかねてから持っていました。「日本の値段でそれを売れば、儲かるのでは?」と発想し、同じ商品の値段を日本の妻に調べてもらい、それを使いました（写真）。チャイはさらに、学生が出資し合い、学生で共同経営するという案も。リクは、大学構内での出店可能な場所や出店料の調査を。将来的には、近隣の他大学にも事業を展開していくという案も入れました。

「日清焼きそば」現地では当時594円。日本では423円だった

　さて、まずはクラス内での発表です。六チームが発表。しかし、英語の出来という点では、私たちのチームは今一歩ではと思っていました。ところが、驚くことに私たちのチームが選ば

れ、学期末の発表会に出場することになったのです（写真）。担当の先生（フィル）による選択です。率直に彼に後で聞いてみました。「英語という点では、別のチームの方が勝っていたと思うけれども、なぜ私たちのチームを代表に選んだのですか？」と。その返答が良かった。「Yasuのチームは面白かった。このアイデアで事業を始めれば、本当に儲かりそうだと思ったからだ」というのです。こういう点でも評価してくれるところが、カナダ流だなあと思いました。元気が出そうな前向きなプランだということを、フィルは評価してくれたようです。

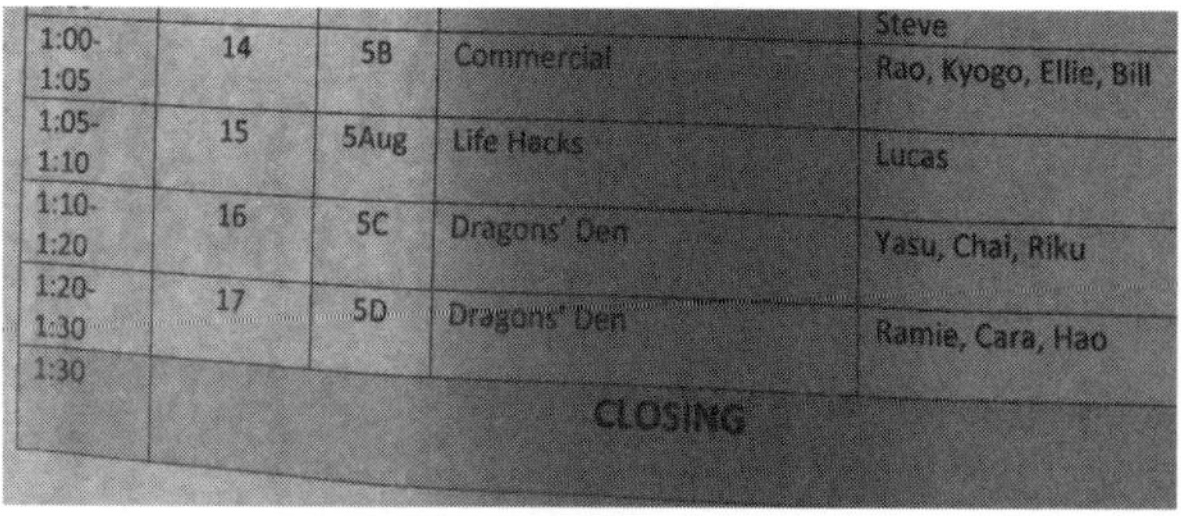

				Steve
1:00-1:05	14	5B	Commercial	Rao, Kyogo, Ellie, Bill
1:05-1:10	15	5Aug	Life Hacks	Lucas
1:10-1:20	16	5C	Dragons' Den	Yasu, Chai, Riku
1:20-1:30	17	5D	Dragons' Den	Ramie, Cara, Hao
1:30	CLOSING			

発表会のプログラム。終わりから2番目、1:10～1:20

　さて、発表会本番。前回よりも大きな会場で行われました。二回目だったので、バージョン・アップしたのでしょう。先にも書いたように、私にとっては帰国前の最終のプレゼン。ある意味この一年間の集大成です。素晴らしいプレゼンをやりきろうと全力を尽します。先に書いたように、一張羅のスーツを着て。これは、いざというときのために、日本から持ってきていたスーツ。日本でも特別の時にしか着ることのない、自分にとっては最高の背広です。しかし一年間クローゼットのハンガーに掛かったまま。「ここだ！」と思い立ち、このスーツを着てプレゼンに。元数学の先生らしい数式の入ったネクタイも、学生たちの目を引いたようです。

キャットも見に来てくれていました。とにかく全力を尽くし、カナダで学んだことのすべてを発揮するつもりでプレゼン。全体の投票で一位にはなりませんでしたが、これも成功裏に終えることができました。あの緊張感、高揚感、達成感は忘れることができません。オジサンはやり切ったのです。

第３章　暮らす

１　優しい社会（街）

車椅子の人たちをより大切に

電動の車椅子が、目の前をピューッと走って行きます。ちょっと速いのでは？と思われるような速度。大学の構内でのことです。背もたれを倒し、体を投げ出して座っておられます。そういう方が、コントローラーを操作しながら、私たちの目の前をピューッと移動。日本では体験したことのない速さ。「障がい者の利便が、より大切にされているのでは」と思いました。大学は広いのでなおさらです。[*1]

建物の出入り口が、自動ドアになっているのは日本と同じ。ただ、カナダの場合は、押しボタン（次ページの写真）でドアを開けます。日本との違いは、その数の多さ。こんな扉にも！というところにもこの押しボタンがあるのです。分厚くて頑丈なドアが多いのですが、車椅子

ドアを開ける押しボタン

内外《うちそと》の方が自力で開けられそうにないドアには、内外を問わずどれもと言っていいほどこのボタンが。もちろん、車椅子利用者でなくてもこのボタンは使えます。体調が悪いときには助かりました。両手がふさがっているときには肘で押すことも。障がい者のための設備なのですが、そうでない者にも役に立つたくさんのボタン[*2]。

さて、市営バスに乗るときです。列ができて、みなさん乗車を待っています。その先頭には車椅子の方が。とすると、乗降口の床が電動で跳ね上がり、車椅子用のスロープができました（写真①②）。日本でなら、運転手がバスから降りてスロープを掛けたりはずしたり。カナダでは、運転手は座ったまま、スイッチ操作一つでこのスロープを作ることができます。この方が、車椅子の方も利用しやすいのでは。車椅子のバス利用者は、日本よりもかなり多かったように思います。並んでいる人たちが、イラつく様子なく待っていたのも印象的でした。

そして、歩行器を押しながら歩くお年寄りや、乳母車を押すお母さんたちもこのスロープを利用するのです。いわゆる社会的弱者と言われる人達にとっても有用な電動スロープでした。

①バス乗車口の電動スロープ

②できあがったスロープ。車椅子やバギーはこれを使って乗り降り

運転手も、座ったままスロープを作ることができるので、対応しやすいのだと思います。利用する側も、遠慮は不要。この電動式のスロープが日本でも使われるようになればステキだなと思いました。ちなみに、長距離バスにも、車椅子用のミニエレベーターが付いていました。

障がい者を大切にすることは、病人も含め、障がい者以外の社会的弱者と言われる人達も救うことに。いろいろな弱者へも、社会全体から手が差し伸べられているようでした。

＊1　調べて見ると、時速六キロメートル（秒速一・七メートル）が日本での制限速度。カナダでは、時速一〇キロメートル（秒速二・八メートル）の車椅子が販売されているので、この速度が制限速度か

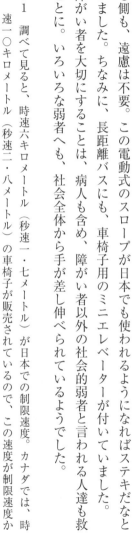

と思われます。日本とは条件が違いますが、障がい者の利便をより考えた基準だと思います。これなら、車椅子の方もスイスイ移動できます。

＊2　私の所属しているサークル（日本）に車椅子の方がおられます。例会場のドアの開閉は車椅子の方には難しく、このボタンのことを会館の方に帰国後に紹介（情報提供）させていただきました。こういうボタンが増えればと思います。

バスにのせた荷物。スロープを使って、乗ってこられた

これは道路標識

「自閉症の子供（オーティスティック・チャイルド）」。こんな道路標識がありました（写真）。「オーティスティック（AUTISTIC）」とは、「自閉症の」という意味です。「一方通行」「進入禁止」などの道路標識と同じように道路脇に立っています。驚きました。日本では見たことのない標識です。

ESLコースの先生に聞いてみました。「自閉症の子どもがこの付近にいるので、車は注意して運転するように」という標識だとのこと。自閉症の子どもは、突然飛び出してきたり、進行方向を急に変えたりすることがあるので、運転者は注意するようにという標識。

また、こんな標識もありました。「聾《ろう》児童区域（デフ・チャイルド・エリア）」（口絵⑥）。先の標識と同じく、普通の道路標識のように道端に立っています。「デフ（DEAF）」とは「耳の聞こえない」という意味。耳の聞こえない子どもがこの近くにいるので、子どもを見たら気をつけるように、という標識ですね。

「自閉症の子供」の標識

社会的弱者である、自閉症や耳の聞こえない子どもたちが、社会から守られていることを強く感じました。

ガード・ミー保険　―留学生のための保険―

「薬代は〇・六ドル（約五〇円）です」

「えっ、それだけでいいの？」

診察後に、薬局で渡されたレシートには、確かに「患者負担分〇・六ドル」と書いてあります。診察代はそもそも請求されていません。クリニックに行って請求されたのは、薬代の〇・六ドルだけ。それは、渡航して一ヶ月後の九月末のこと。早速風邪を引いてしまいました。渡航後の緊張や疲れもあったのでしょうし、早くから気温の下がり始めるカナダの気候に、体が付いていかなかったのでしょう。風邪薬を買って飲み、翌日も授業を休みます。ところがです、

大学構内にある薬局（PHARMACY）とウォークイン・クリニック

午後になり体調が悪化。これはたまらんと思って、「ウォークイン・クリニック（診療所）」[*1]（写真）に駆け込みました。医師の処方した薬が欲しかったのです。そこで払った医療費が、五〇円！　ほとんどが保険から支払われたのです。

私たちＥＳＬコースの学生は、「ガード・ミー（guard.me）」という民間の保険に加入。授業料と一緒に徴収される「諸費」に保険料（一期四ヶ月間で約二万円）が含まれていて、学期始めに保険証を受け取ります。医療面が主体の保険なのですが、保証される範囲は大変広く、「入れ歯の作り直し」以外の医療費はほとんど不要でした。[*2]しかも、クリニックを選べば、自分で保険料を請求する必要もなく、とても便利でした。クリニックが、保険会社に直接請求してくれるからです。

一年間の渡航中、「捻挫、かぜ、インフルエンザの予防接種、唇の荒れ、胃のもたれ、胸の強打、前歯を折る」などで診療所に行きましたが、これらは安心して治療を受けることができました。というのは、ほとんどこのガード・ミー保険で補償されたからです。これらの治療で、のべ一〇日間受診したのですが、支払った医療費の計は二八・五八ドル（約二四四〇円）。ちなみに実費では計一二三九・四三ドル（約一〇万五三八〇円）でした（巻末の綴じ込み一覧表）。胸を強打したときには、レントゲンも撮ってもらったのですが、それも全額保険から。インフルの予防接種も全額保険。日本では、高齢者には補助が出るものの、有料ですね。予防接種は毎年受けてきたので、カナダでも是非受けたかったのですが、タダで受けることができてありがたかったです。

ただ、唯一の例外は先にも書いた「入れ歯の作り直し」（第3章5）。歯科技工士からは、一四九五ドル（約一二万七〇〇〇円）かかると言われたのですが、帰国までまだ半年間もあったので、思い切って作ることに。念のために、日本の保険会社にメールや電話で確認したのですが、入れ歯はやはり保険の対象外。ガード・ミー保険でも厳しいのでは？と思いつつ、ダメ元で請求してみましたが突き返されました。[*3]

入れ歯は除くという条件付ですが、医療費のかからない生活にはけっこうな安心感が。とりわけ私は、当時六三歳。医者にかかる機会が増えていました。カナダでも、医者にかかることになるのではと気にかけていました。しかし、ガード・ミー保険によりあれこれの医療費が安価だったのは、本当に幸いでした。「健康という生活のベースになるところでの不安感が少ないと安心だ」ということを実感。こういう世の中になってほしいものです。

バス乗降時の、車椅子用電動式スロープ。それは、車椅子の方だけではなく、歩行器や乳母車を使う人たちも使えます。たくさんの扉開閉ボタン。体調の悪いときには私はありがたかったです。自閉症や、耳の聞こえない子どもたちを守るための道路標識。今思うと、色々な点で社会からの庇護を感じることができたのではと思います。生活の深い部分での安心感はカナダの方が強いのでは。さらに、市民権があれば負担なく加入できる公共の健康保険制度もあります。[*4]これも人々の安心感を後押ししているのでは。このような点では、カナダは住みやすい国ではないかと思いました。

＊1　市内のあちこち、また大学の構内にもあります。まずここで診察を受け、隣接する薬局で薬をもらいます。大きい病院に行ってもいいのですが、待ち時間が長いとのことでした。

＊2　簡易なパンフレットによると、診察、検査、入院など、ほぼ補償されます。カナダでは、救急車が有料なのですが、それも補償されますし、上限はあるにせよ、もしもの時に家族を呼び寄せる交通費や、遺体の本国送還費用も補償されます。ただ、こまかい条件があれこれありますので、私の事例はあくまでも参考にとどめて下さい。実際の給付に当たっては、条件書をご確認下さい。微妙な条件により、出たり出なかったりするようです。

＊3　公立学校共済組合の「海外療養費」の支給制度があり、そこから、二万五七四〇円の給付を受けることができました。これは、海外の日本語学校で働く、日本人教師とその家族のための制度なのですが、私の場合でも適応されることが渡航前から分かっていました。カナダから、妻（公立学校教員）

を通じて手続きをしてもらいました。

＊4　カナダ・オンタリオ州では、OHIP（オンタリオ・ヘルス・インシュランス・プラン）という、州の健康保険制度があります。カナダの市民権があれば、だれでも加入できる保険で、保険料は不要。税金でまかなわれています。そして、診察、検査、予防接種は無料。シーズンになると、予防接種を受ける人の列が診療所にはできるのだそうです。日本と違ってこういう点は安心です。けれども、病院以外での歯科治療や、入院時以外の薬代等は補償されません。実費の支払いが必要。カナダ人の学生に聞いたのですが、そのために、民間の保険に別途加入するとのこと。ですから、支払いを含めると、日本との単純な比較はできません。ただ、保険料が払えず、保険証を持てない方もおられる日本。それに比べると、カナダの方がやや安心感があるのでしょうか。

ＯＨＩＰについては、日本大使館（在カナダ）ホーム・ページの「医療情報・医療セミナーからの情報」に詳しいです。留学生はこの保険には加入できません。少なくとも、カナダの市民権か就労ビザ（ワーキング・ホリデー以外）が必要です。

2　外国人コミュニティー　―『ナイアガラ民族芸術祭』―

初めて見るダンスのステップに引き込まれました。これはギリシアのダンス。民族衣装を着た若い男女が一列に手を繋ぎ、音楽に合わせて入場。大きな輪になって踊り始めます。ホールには、一〇〇人くらいの人がいたでしょうか。次々と披露される、若者達の踊り。グリーク・

サラダ（七ドル・約六〇〇円）を食べ、コーヒー（二ドル・約一九〇円）を飲みながら、民族舞踊を見ていました。これは、ギリシアの人たちの集い（写真①）。

その前の週末は、スロバキアの人たちの集いを訪問。まず目に付いたのは、ステージ上の三枚の大きな旗（写真②）。真ん中の旗には、「フォーク・アーツ（FOLKARTS）」という文字がステキなデザインで染め抜かれています。両側には、カナダとスロバキアの国旗が。その旗をバックに、アコーディオン、ギターなどで民族音楽を演奏。民芸品販売コーナーでは、民族衣装を着た売り子さんも（一二八ページの写真）。スロバキアではチェコ語を使うのかな？と思っていた私。売り子さんに尋ねると、「スロバキア語ですよ」とのこと。さらに、「スロバキア語、チェコ語、ポーランド語は、どれも『スラブ語』」ということも教えてもらいました。ここも、一〇〇人くらいの参加者が。

①ギリシアの集いで、踊る人たち。その回りで食事をする

二〇一九年五月二日から二六日にかけて開かれた、ナイアガラ民族芸術祭（ナイアガラ・フォーク・アーツ・フェスティバル）。これは、この地方に住む、一八の国や地域の人たちが、その民族ごとに集まるという、五〇年以上続くフェスティバル[*1]。歌や

踊り、食事を楽しむという催しでした。ギリシアとスロバキアの人たちの集いが五月中旬にあり、そこに行ってみました。参加者はもっと少ないのでは思っていたので、ちょっとビックリ。実は、ESLコースの課題に「ナイアガラ地方の、文化的な行事、お祭りに参加すること」というのがあったので、課題の提出を目的に参加。集いの様子や、言語について話したことを書き、自撮り写真を付けて後日提出。

さて、カナダは移民の国。人口約三七〇〇万人（二〇二一年）のうち、なんとその約二〇パーセントが移民。人口二八〇〇万人を抱えるカナダの最大都市トロント。そこでは、驚くなかれ、四五パーセント以上が移民なのです。[*2] 一九七一年に、世界で最初の「多文化主義政策」を採用したカナダ。二〇〇以上の民族がともに生活し、四〇ヶ国語以上の新聞や雑誌が発行されています。現在では、人口増加の半分以上が移民によるものです。トロントには、四〇万人の中国人が住み、四つのチャイナタウンがあるとのこと。[*3]
トロントで一番大きなチャイナタウンを歩いてみました。そこは、必要なお店が全てそろっている「中国人

②スロバキアの集い、正面ステージ。（左から）カナダ、フォーク・アーツ・フェスティバル、スロバキアの旗

スロバキアの集い。民芸品売り場の売り子さんと

の街」。ＥＳＬコースで一緒になった、娘さんが生まれたばかりの三〇代の中国人学生が、「娘には中国語を教え、中国人として育てるのだ」と言っていたのもわかります。

ナイアガラ民族芸術祭。世界中からやってきた移民の人たちが、同じ言葉、同じ習慣の人たちと集う。そこでは、私の知らないギリシア語やスロバキア語を話しておられたのでしょう。カナダにいる間、日本人同士で日本語を使って話す時が、気持ちが一番安らぎ、意志も、情感も十分に伝えることができました。十分な意思疎通のためには、同じ母国語、同じ文化や習慣である、ということが大切だとしみじみ思いました。世界各地から移民として来た人達が、ここに来るとホッとして安らぐ。子ども達に親の文化を伝える。さらには、自らの出自を確認する。それが、この「ナイアガラ・フォーク・アーツ・フェスティバル」ではなかったのかと思います。先にも書きましたが、一軒目のホームステイ・ファミリーにとっても、ラオス、タイの人たちの集まる教会が、きっとそのような場だったのだと思います。

＊1　ナイアガラ地方では、次のような国や地域ごとの集いが開かれていました。イスラム、ポーランド、サルデーニャ（地中海の島・イタリア領）、シリア、ウクライナ、クロアチア、スロバキア、ドイツ、ギリシア、フィリピン、アルメニア、イタリア、スロベニア、ローマ、インド、スコットランド、ラ・サール、フランス語圏の人々（二〇一九年の開催順）

＊2　この段落は、在日カナダ大使館やカナダ政府のホーム・ページを参考にしました。ただ、あれこれ調べると、移民の割合がカナダよりも多い国は、たくさんあります。

＊3　『地球の歩き方・カナダ東部・2016〜17』

3　街の様子

「お金をください」

「小銭を、小銭を」と言いながら、店の出入り口で紙袋を持って立っている人。小銭をこの袋に入れてくれと言っているのです。トロントに行ったときに、『ティム・ホートンズ』というお店で初めて出会いました。日本では、まず出会わない光景。

カナダなら至る所で見かける、ファースト・フードのお店ティム・ホートンズ。コーヒーと軽食（主にドーナツ）のチェーン店です。シェアはなんと六〇%。どこにでも、と言っていいほどあちこちにあるこのお店。ブロック大学の構内には三店舗も。ミニモールが市内にいくつ

こんなバス停も。電柱に表示を打ち付けただけ。探しにくかった

かあるのですが、そこには必ずこのお店がありました。安いのも特徴。コーヒーのSサイズが一・六ドル（約一四〇円）、ドーナツも何種類かあって、どれも一ドル（約八五円）くらい。「軽食ならティム・ホートンズ！」でした。

　ということで、このお店は人の出入りがとても多いのです。「小銭をくれないか」という人に出会ったのは、トロントのお店では二回、セント・キャサリンズでも一回ありました。トロントではこれ以外にも、入り口の石段に座ったり、横断歩道の渡り口に座って物乞いをする人も。

　セント・キャサリンズのバス停でのこと。バスを待つ若者がもう一人います。するとその彼が「一、二ドル貸してくれないか？」と突然言うのです。バス・ターミナルで言われたこともあります。私が日本人なので、お金を持つ旅行者と思われたのでしょうか。

　日本でも、物乞いをする人に出会うことはありますが、今では本当にまれなこと。ましてや、「お金をください」と見知らぬ人に言われることはまずありません。カナダは豊かな国、という思いがあったのですが、経済格差が拡大しているのでしょうか。ひょっとしたら、物乞いすることへの考え方が違うのでしょうか。これが、ちょっと意外な一面でした。

古着屋、古道具屋

厚手の、極寒用の手袋がぶら下がっています。スキー用でしょうか。値段は、なんと二ドル（約一九〇円）。ありがたくて、その場で買い求めました。古着屋でのことです。

一一月中旬に、バスの中で手袋を忘れてしまいました。もうかなり寒い時期です。冬のカナダでは手袋は必需品。とりわけ自転車で通学する時や、街を走り回る時には、手袋なしでは走れません。以前にも覗いたことのある、ダウンタウンの古着屋さんに行ってみました。そう大きくはないのですが、ジャケットやコートなどいろいろあります。

ダウンタウンというと、なにか下町という響きがありますが、辞書の訳は「中心街」。ダウンタウンには、バス・ターミナル、警察署、図書館、市役所、郵便局の本局、オーケストラも使う大ホール、州の役所等もありました。

帰宅してスティーブ（ホスト・ファーザー）に安い手袋を買えたと話すと、「福祉のお店だから安いのだ」とのこと。経済的に困っている人のために古着を安く売っているお店だそうです。そういえば、古着を入れるための、投入口の付いた大きな箱が街角にありました（口絵⑤）。こういう古着屋は、節約生活に努める私にとっても大変救いでした。

というのは、カナダを離れる直前の八月に、トレッキング用の半ズボンを求めて、渡航前に教えてもらっていた古着屋へ行ってみました。なんとそこは、倉庫を店舗に改造したような、天井の高い広々としたお店。品数はとても豊富で、あれこれの古着が所狭しとハンガーに掛けてあります。試着室は四つも。半ズボンもいろいろあります。試着もして選びます。値段は九・五ドル（約七七〇円）。しっかりした物で、今でも使っています。リユースが徹底しているということを思わせるような、古着屋さん。

実は、カナダに着いた一ヶ月後の一〇月上旬、ダウンタウンの古道具屋で、中古の自転車を購入。あると便利ですよ、と渡航前から勧められていました。新品は高いですし、一年間しか使わないので中古で十分。七五ドル（約六四〇〇円）で一〇段変速付のけっこういいものを購入。ダウンタウンを少し歩くと、地下にも売り場がある大きな古道具屋も。そこは、家具もたくさん並び、品揃えも豊富。中古のビデオプレイヤーもあります。

セント・キャサリンズは人口約一四万人の中規模の街。そこに、古着屋は少なくとも二軒、古道具屋も少なくとも三軒あるのです。リユース（再利用）に務める、経済的な流通システムだと思いました。もちろん、節約生活の私にとっても強い味方でした。

あれこれの福祉活動

レジで並んでいる時です。私のカゴにビールの空き缶が三個、突然投げ入れられたのです。これも経験！と思い、彼の好意を受けることに。オンタリオ州では、お酒の容器はデポジット制。『ビール・ストア』というお店に持っていくと、換金してもらえます。缶ビールの空き缶は一個一〇セント（約九円）。節約に努める私は、小まめに換金。カナダの人たちは、一〇個、三〇個と箱に入れて持ってくるのですが、私は六、七個をリュックに入れて持ち込みます。貧しい外国人と思われたのでしょうか、レジで並んでいる時に隣の人が、私のカゴに三個投げ入れてくれたのです。

また、一一月上旬には、歳末助け合いの「社会鍋」に遭遇。カナダにも社会鍋が！　近くのショッピング・モールへ買い物に行ったときです。ただしカナダの鍋は、透明なプラスチック製の大きなボール。蓋も透明で、そこにはお金の投入口が。中のお札やコインが透けて見えます。社会鍋のように、棒を三本組み合わせて、そこにチェーンでぶら下げてあります。初めて見たときに「何の募金だろう？」と尋ねてみました。恵まれない子どもたちに、クリスマス・プレゼントをするとのこと。感動した私は、わずかですが募金を。しかも、二度もです。

『フード・ドライブ』。今では日本でも耳にする言葉。「食料品の寄付を募り、困窮家庭に配布する慈善活動」ですね。渡航したのは、二〇一八年八月。私が寡聞にして知らなかっただけかも知れませんが、この言葉にはカナダ滞在中に初めて出会いました（ポスターは口絵⑦）。食料品を集めるためのかごがスーパーの出入り口に置いてあり、ひょっとしたらそのフード・ドライブに使われていたのかも知れません。また、セント・キャサリンズには、ホームレスの人たち向けの「シェルター」もありました。DV（ドメスチック・バイオレンス）を受けているお母さんや子どものための支援組織（『ウイミンズ・プレイス』）もあり、資金集めのために、古本市を開催。そのボランティアに登録したので、募金をして欲しいというメールがカナダから今でも来ています。

「お金をください」と物乞いをする人たち。「福祉の古着屋」、様々な福祉活動。日本よりも経済格差が既に顕在化していたのでは。これらは全て、コロナ禍以前のことです。しかし、格差も広い反面、社会的弱者に対して「何か、してあげよう」と考えている人も多かったのでしょうか。日本でも、とりわけコロナ禍以降は、このような活動はより身近になったように思います。

4　あっと驚く出来事や習慣

タトゥー（入れ墨）

私の前を歩く学生。彼女の背中には星形のタトゥーが。シャツの背中の襟が深く、ちょうどそこにタトゥーがあるのです。渡航して半年以上経っていたからでしょうか、思わず「オシャレだなあ」と思ってしまいました。

また、大学の食堂でこんなことも。隣のテーブルには、腕にタトゥーを入れた学生が。手首から肘に掛けてほぼ全面です。さらに、私たちESLコースの学生支援をしている学生も、タトゥーをしていました。その話題になったときに耳たぶの下に小さなキリン（動物）のタトゥーがあるのを、見せてくれました。普段は髪に隠れています。お母さんと彼女の絆を意味するのだそうです。

カナダでは本当にたくさんの人がタトゥーをしていました。三〜四人に一人くらいはいたでしょうか。ホームステイ先（一軒目）の娘さんの夫は「入れ墨師」。これを聞いた時は、マイナーな日陰の仕事かと思っていました（失礼！）。そのうちに、タトゥー屋さんの看板があちこちにあることに気づきました。スティーブ（ホスト・ファーザー）も左の二の腕に、十字架のタトゥーを。彼は、ローマン・カトリック。

「おしゃれ」や「アクセサリー」。その捉え方が、日本とは全く違うのです。日本では、裏社会など、ちょっと暗いイメージも入れ墨にはありますね。私が時々行く日本のスーパー銭湯にも、「入れ墨の方お断り」という貼り紙が貼ってあります。二〇〇二年に、サッカーのワールドカップが日本で開かれた時にも、物議を醸《かも》したとか。

こんなにも違うものかと、本当に驚きました。入れたい人は入れる。それも自分の責任で入れるわけですから、「他人は構うな」とでもいうのでしょうか。皆さん、後ろ暗い様子はなく、堂々としておられます。そういう中に一年間もいると、タトゥーに慣れてしまいました。見てもなんとも思わなくなってしまったのです。一度入れると消えないタトゥーを入れることには大きな抵抗がありますが、短期間なら入れてみてもと思い始めました。帰国前のアメリカ旅行でラスベガスに行ったのですが、「三週間で消えるタトゥー」がありました。「秀代命」（秀代は妻の名）と腕に入れて帰国したら面白かったのかも。そういう中にいると、それが当たり前になってしまいました。

トルドー首相のタウン・ミーティング

ワイシャツを腕まくりした、活力あふれる精悍《せいかん》な男性が入場。聴衆はスタンディング・オベーションで迎えます。カナダの首相、ジャスティン・トルドー（当時四七歳）その人です。ここは、ブロック大学の体育館。一五〇〇人の聴衆が今か今かとしびれを切らすように待っていました。これから、現首相と対面で「タウン・ミーティング」[*1]が始まるのです。私もその一参加者。トルドー首相の本物を目の前で見ているのです。

トルドー首相のタウン・ミーティング・ツアー。国民と直接対話をするために各地を回り、ここブロック大学にも来たのです。しかも、オンタリオ州ではここだけだとのこと。トルドー首相を直接見ることができる！　この貴重な機会を生かすべく出かけます。それは、二〇一九年一月一五日。この時期のカナダは極寒。彼を見たい一心で二時間も外に並んで待ちました。結構な人が並んでいます。誰でも入場できるのです。日本なら、極寒の中にこれだけの人が並ぶと、繰り上げ入場ということもありますが、そんなこともなし。少しでも暖を取るべく、足踏みをしながら開場を待ちます。

さて開場。制服姿の大学の警備員がたくさんいます。中央にトルドー氏の使う丸椅子と水の置かれた台。それを四方から囲むように並べられた、たくさんの椅子。

今か今かと彼の入場を待ちます。三〇分遅れましたが、満場の拍手に迎えられて入場。ネクタイに白いカッターシャツ。腕まくりをしています。くだけた雰囲気の格好です。「若々しくてかっこいい！」というのが第一印象。その時は髭がありませんでした。よけいに若々しく見えたのでしょう。

学長のあいさつの後、トルドー首相との直接対話が始まりました。九〇分間に一五名くらいが発言。トルドー首相は一つ一つ答えていきます。やりとりを聞き取るのは難しかったです。しかし、「民主主義（デモクラシー）」、「投資（インベスティゲーション）」という単語が何度も使われていました。また、「気候変動（クライメット・チェンジ）」という言葉を彼が発したと

気候変動に対し、スクール・ストライキを呼びかけるポスター。イラストは、グレタさんかな？

きに大勢の拍手が起こり、カナダの人々の地球温暖化への危機意識がとても高いことを感じました（写真）。ちなみに、帰国後の二〇二一年七月上旬に、カナダでは四九・六度という熱波を記録。雪の量が年々減っているのを実感していると言う学生。しかし、なによりも一番驚いたのは、このタウン・ミーティングが平穏に行われたということです。質問もよく準備されていましたし、歓声や拍手が時折起こるものの、混乱なく進行します。

ただ一つだけこんなことが。トルドー首相の答弁に納得がいかなかった参加者が、彼の制止を振り切って発言を続け、ついには会場を出ていってしまいました。しかし、それは一五〇〇人もの聴衆の中の一人だけ。その発言が周りに波及することはありませんでした。一〇〇パーセントの支持などありえませんから、トルドー首相にとってもそれは想定内の出来事だったのでは。その翌日に、「トルドー首相は国民の多数派から支持されているのですか？」とＥＳＬコースの先生に聞いたのですが、「そうだ」という答えでした。

ひるがえってみるに、日本ではこのような直接対話は、ひょっとしたら成立しないのでは？

ある首相が国政選挙で応援演説をしたら、「帰れコール」が起こったことも。このような首相がタウン・ミーティングを開いたとしたら、おそらく会場は大混乱に陥り、実のある対話はできないのではと思います。ただ、二〇二一年の総選挙ではトルドー首相の自由党が議席を減らすなど、彼も順風満帆ではありません。とはいえ、カナダでは対話の中で政治が行われているように感じられ、印象的なイベントでした。このような対話の成立する指導者を、私たちも選びたいものです。

＊1　この集会の様子は、YouTubeでも見ることができます。

『グレープ・ストンピング』——ブドウと戯《たわむ》れる——

「ゴツン！」

仰向けに転倒し、後頭部を強打。足がツルリと滑ったのです。大丈夫かな？とちょっと心配しました。軽い脳しんとうか。それは、大学での行事、グレープ・ストンピングでのことです。ブドウを潰し、投げ合い、まみれ、ブドウと戯れます。ブルーシートの上なので、そこにはブドウの汁がたまり、あたり一面に甘酸っぱいブドウの香りが。そんなブドウの香りに包まれながら、はしゃぎ回ります。ブドウの汁でシートはつるつる滑ります。シートにダイビングしている学生もいました。この時とばかりに私もダイビング。そんな時です。立ち上がった時に足を滑らせて仰向けに倒れ、後頭部を強く打ってしまったのです。

渡航してまもなくの九月下旬、金曜日の午後でした。大学構内にある五〇メートル四方くらいの芝生の庭。ほぼ全面にブルーシートが敷いてあります。その上で、かけ声とともに、ブドウを投げ合い、潰し、大騒ぎ。これはブロック大学の伝統的な行事、グレープ・ストンピング。参加者は見物人も入れて五〇〇人くらい。学長もその輪に入ってブドウと戯れています。履きつぶすつもりで安いズボンを百均で買い、やる気満々で私はこの行事に参加。いつ果てるのだろうと思うくらいこのブドウ遊びは続きましたが、三〇分くらいで終了。スポーツ・ジムにはシャワールームがあります。ブドウの汁を廊下に垂らしながらそこまで歩きます。なんとそこにはブドウまみれの先客が。誰もが同じでした。後頭部は、幸いにも無事でした。

翌週の授業でこのイベントが話題に。中国人のガストンは、「無駄だ。浪費だ」と言っていました。参加するまでは私もそう思っていました。「ブドウを潰して、戯れる？　信じられない！　けれども、せっかくだからやってみよう」というのが正直なところ。けれども、バカをやってみてその後でふと思いました。それはこの行事はこの地域だからできるのだと。つまり、この地域はワインの産地として有名なところ。ブランド名は『ナイアガラ・ワイン』。日本では、ボルドーやカリフォルニアなどが有名でしょうか。

そのワインの産地としての巨大さが分かったのは、ワイナリーに遠足に行った時のことです。そこで二階建ての見晴らしのよい建物に上がります。見渡す限りの広大なブドウ園（写真）。自転車で郊外を走ったときにも、行けども行けどもブドウ園というエリアがありました。私の地元（日本）でも、『巨峰』というブドウが有名です。しかしどのブドウ園も広大ではありません。日当たりのよい斜面にある広いブドウ園もありますが、カナダの比ではありません。土地の狭い日本だから仕方のないことでしょう。山梨のブドウ園もよく似ていました。

見渡す限りの広大なブドウ園

つまり、グレープ・ストンピングは、ブドウが採れて採れて仕方のないこの地域だからこそできる行事なのでは。そう言えば、『ラ・トマティーナ』というトマトと戯れるスペインのお祭りもありますね。日本のように集約的なブドウ栽培をしているところでブドウを潰し合って遊んだら、それこそネットは炎上するのだと思います。この広大なワインの産地だからこその行事、それがグレープ・ストンピングなのだと思い返しました。

女性の社会進出

「えっ！　女の人？」。公園内の東屋《あずまや》に集まる私たちボランティアの前に現れたのは、女性。渡された資料を見ると、彼女はなんと「総括責任者」。その隣にいるのは、ボランティア対応の担当者。やはり女性です。渡航後すぐの九月下旬。明日から開かれる『ワイン・フェスティバル』のボランティアへの説明会。そこに現れるのは男性だとばかり思って待っていた私。意外でした。そして、早口の英語で立て板に水を流すように説明する彼女。早すぎて、内容にはほとんどついていけません。ただ、役割に関わる大切なポイントはキャッチしました。

九月第三週と第四週の週末に、セント・キャサリンズで毎年開かれる、ワイン・フェスティバル。なんとすでに七六回目。見込まれる参加者は五万人。メイン会場はダウンタウンの大きな公園。そこには、ワイナリーの出店などが三六店舗もならびます。過ぎゆく夏や、ブドウの季節を惜しむかのように、飲んで食べるのです。パレードや、市主催の「グレープ・ストンピング」もあります。この地域には六〇以上のワイナリーがあるのですが、そういう地域ならではのお祭り。

メイン会場の公園で、ワインや食事を楽しむ参加者。互いに抱き合ってカナダ風の挨拶。そして、ワインを片手に声高らかに語り合っています（写真）。ボランティアをしている私の眼前で繰り広げられる交歓の風景。着いてすぐのことだったのでとても印象的でした。この人たちは人生を楽しんでいるのだなあ、とも感じました。

実は、一軒目のホスト・ファーザーのブンミーが、このフェスティバルのボランティアをやってみたらと勧めてくれたのです。カナダに着いたばかりの怖いもの知らずの私。英語世界に物怖じせずに飛び込んでみようと応募。すぐに担当者から、本番前日の木曜日にオリエンテーションをするとの返信がありました。会場は現地の公園です。いざいざ、そのオリエンテーションに勇んで参加。この週末にメイン会場を担当する一五名くらいが集まります。もちろん全員ではありません。

ワイン・フェスティバルに集う人々

さて、説明会の開始。前に現れたのは、なんと女性！　私のそれまでの経験では、こういう時は男性のリーダーが現れて説明を始めるもの。意外でした。メイン会場の公園は、この二人の女性によって仕切られているようなのです。これまでの日本での経験では考えられないことでした。まずこれが、女性の社会進出を身近に感じた、カナダでの初めての体験でした。

黙々と家事をこなすスティーブ

ホスト・ファーザーのスティーブが、ドアを開けて早朝のキッチンへ入ってきました。ナイトガウンを着たままです。ドアのそばには食洗機（食器洗い機）が。彼は食洗機の扉を開けると、食器を棚に並べ始めます。朝食を食べている私にその姿が目に入ります。

彼には決まった毎朝の家事がありました。それは、食洗機から食器を出して棚に並べること。夕食後、みんなが使った食器を入れ終わると、スティーブは洗剤をセットしスタート・ボタンを押します。夜の間に食器洗いは完了。そして翌朝、私がキッチンで朝食を食べているちょうどその頃に、地下の寝室から上がってきます。階段を上がりドアを開けると、そこには食洗機。ガウン姿の彼は食洗機の扉を開け、食器を棚に並べ始めます。コップもお皿もピカピカに洗えているのですが、スティーブは置く向きも考えながらその食器類をキチンと並べます。最初は、「えらいなあ」というくらいの思いで見ていました。起きてくると、彼はまず食器を並べるのです。

日常生活が過ぎていきます。見えてきました。その食器並べは、なんと毎朝なのです。それは、起き抜けの朝一番にする彼の家事。これは彼の担当だったのでしょうか。そのうちわかってくるのですが、洗濯・ゴミ出し・肉を焼くこともスティーブの仕事でした。

　このとき六四歳になっていた私。日本では、このような家事はほとんどやっていなかったのです。六〇代の男性で積極的に家事をされている方も、もちろんたくさんおられると思います。とはいえ、この世代の男性は、「家事は女性の仕事」と考えている方が、日本では多いのでは。そして、この年齢層では、女性でもこういうお考えの方が多いのでは。

　家事を妻に押しつけないスティーブ。このご家庭にはおよそ一年間お世話になりました。一年間滞在すれば、一回りの実生活が体験できるのではと思っていました。そこで毎日体験したのが、このスティーブの食器並べです。彼の他の家事も見えてきました。

　そう言えば、一軒目のホスト・ファーザーのブンミーも朝食を作っていました。また、休みの日に弁当を作って欲しいと頼むと、彼がサンドイッチを作ってくれたこともあります。早朝にキッチンで彼と出くわすことが何度かありました。「真上のベッドルームで、ラッサミー（ブンミーのお連れ合い）が寝ているから静かにしてほしい」と言われたことも。つまり、お連れ合いより早く起きて朝食の準備をするのです。

　その時、スティーブは五四歳、ブンミーは六五歳。こういう年齢の男性が、当たり前のように家事をしているのです。日本では当たり前のように家事をしない私。退職後もです。フルタイムで働く妻が、私よりも早く起きて朝食を作り、職場から帰ってから夕食を作り始めます。

夕食後、使った食器を洗い、米をといで炊飯器をセットする彼女。これが、普通だと思っていました。当たり前だと思っていました。夫は座っていればいいのだと。スティーブを見ていて思いました。「こんな世界もあったのだ！」と。この体験が、帰国後の私の生活を変えることに（第4章1）。

LGBTQ

「彼のパートナーは男性ですよ」

驚きました。身近なところにゲイの男性がおられたのです。私は、彼には良い印象を持っていませんでした。というのは、上から目線で話してくる、ちょっとイヤな感じのする人だったのです。けれども、彼がゲイだということを聞いた私は、とても、とても驚きました。身近にゲイの方がおられたというのは、初めての体験。ただ、カミング・アウトはしておられなかったようなので、彼のプライバシーに配慮しつつ書いています。

実感を持って私の驚きを受け止めていただけるように、皆さんが想像しやすい状況に言い換えてみます。もしも、「地元小学校の男性校長先生のパートナーが男性」だったら……。彼が、小学校の校長だったというのではありません。あくまでも、もしそうだったらという、実感を持っていただくための私流の言い換えです。日本ではこのようなことは、残念ながら考えにくいですね。この翻訳がずれていなければよいのですが。

同じクラスの日本人学生が、プライド・パレード（マーチ）に、トロントで遭遇したと言っていました。ＬＧＢＴＱ文化に共感、共鳴する人たちのパレードで、大規模だったようです。大通りから狭い道に入り、そこから次の大通りに出てもパレードの隊列が続いていた、と言っていました。ただ、このパレードが行われているということは、ＬＧＢＴＱ文化についても、カナダはまだ途上なのだということでしょうか。と言っても、日本よりは先を走っていますね。

私は、彼のパートナーが男性だということを聞いて、それまでちょっと毛嫌いしていた彼を尊敬するようになりました。だって、自分の気持ちに正直に生きておられるのですから。ひょっとしたら、カナダならではの良い体験だったのではと思います。

5　トラブル

自転車サドル盗難事件

ないのです。自転車のサドルがないのです。駐輪していた自転車からスッポリ抜き取られてしまっているのです（次ページの写真）。最初のトラブルでした。カナダに着いて、二ヶ月経った一〇月末のこと。滞在中の一年間、数々のトラブルに見舞われました。トラブルには、積極

サドルを抜き取られた自転車

的に挑んだつもりです。言葉の不自由さを理由に、曖昧にしたくなかったのです。解決しようとすこしこだわりました。

その日は帰りが遅くなり、大学からバス・ターミナルに着いたのが五時半か六時くらい。薄暗がりのダウンタウンのバス・ターミナル。何もなければと思いながら、バスを降りて駐輪場へ。自転車の鍵をはずそうとしたときです。なんと、サドルがありません。「えっ！」と目を疑いました。「やられた！」。サドルがスッポリと抜き取られてしまっていたのです。治安の良さ故に選んだ、カナダ。アメリカのような銃社会ではありません。けれども、こんな事件に遭遇。

その月の初めに中古の自転車を購入。朝は、家からバス・ターミナルまでは自転車で。この方が、バスの便が良いのです。しかし、バス・ターミナルがあるのはダウンタウン。治安に問題があると聞いていたので、必ず鍵をかけて駐輪。ところが、自転車を買ってまだ一ヶ月も経たないときにこの事件。注意はしていましたが、まさか自分の身にこんな形で降りかかるとは。ショックは大きかったのです。「どないなっとるんや！」とでもいうのでしょうか。帰りは、バスの自転車ラック（口絵⑧）に自転車を積んで帰宅。[*1]

帰宅して、夕食時にこの盗難事件のことを話しました。「サドルを売って、薬か、酒を買うのでは？」とはスティーブの娘マリーの言葉。「警察に届けようか？」とスティーブに相談したのですが、「無駄ではないか」と言われます。とはいうものの気持ちが治まりません。「犯人を見つけてやるぞ！」とばかり、警察署に届け出ることに。翌日、証拠品として現物を見せるべく、自転車を苦労して持参。

警察署正面の階段を、自転車を引きずりながら登ります。頑丈で重いドアを開けます。自転車をそのドアにぶつけながら、自転車ともども署内へ。カナダの警察署に入るのは初めて。そのとたん、奥のドアから出てきた警官が「自転車を建物の中に入れないで！」と。「これは、盗難の証拠品です。それで見て欲しくて中まで持って入りました」と、使える限りの英語を使って、はっきりきっぱりと話します。「それなら、いいよ」と、その警官は中に戻ります。

入ったすぐのホールは、殺風景な狭い空間。しかも、刑務所の面会所のようなところ。そこの受付の人に、ガラス越しにことの成り行きを説明。彼女は言います。「こういう事件については、事故報告レポートを警察署のホーム・ページから送ってください。これがそのアドレスです」と、カードを渡されました。「これで、捜査はしてくれるのですか?!」と聞くと、「それは、事件による」とのこと。そして「早い対応を望むなら、自宅からパトカーを呼んでください」と言うのです。受付を通してではなく、直接警官に言わないと動いてくれそうではありませんでした。「証拠品として現物までわざわざ持ってきたのに、直接話を聞いてくれないのか」とちょっと肩透かしを食らいましたが、これがカナダ流でした。

警察署を出ます。「そうだ。バス・ターミナルの警備員に聞けば」と、すぐにバス・ターミナルへ。けれども警備員は「わからない」との返答。監視カメラがターミナルには付いています。「ビデオを見せて欲しい」と言うと、「ここではダメだ。バスの管理事務所に行ってくれないか」とのこと。[*2] ビデオはともかく、すぐにサドルの修理をしないと明日からの通学に困ります。その足で自転車屋に行き、サドルを取り付けてもらいました。修理代は計九三・七七ドル（約七九〇〇円[*3]）。

そして、今後の対策です。このままでは、サドルがまた抜き取られるかも知れません。ホームセンターでペンチ、ニッパー、ドライバーを、さらに百均で針金を購入。引き抜かれないように、自転車本体にサドルをガッチリと固定。その甲斐あってか、その後帰国まで抜き取られることはありませんでした。起こってしまってからでは遅い。そうなる前に自分で完璧な手を打つ。自分の物は自分で責任を持って守る。そんな精神や姿勢がここカナダでは必要なんだと感じました。背筋が、思わず伸びるようでした。

＊1　自転車用のラックがバスの前方に付いていて、そこに自転車を三台固定できます。

＊2　翌週、バス管理事務所に出向き、見せて欲しい旨申し出ましたが、警察の要請がなければ見せることはできないと言われ結局見ることはできませんでした。もっともですね。

＊3　日本の損害保険会社から返ってきたのは、中古だからということで八六・四四ドル（約七三〇〇円）だけでしたが、まずまずの返金に一安心。

バスへの忘れ物　—手袋、コンピューター・マウス、自転車?—

バスを降りて、手袋をはめようとしました。「あれっ!」。手袋がないのです。「しまった! 置き忘れた」。手袋を隣の座席に置いたままバスを降りてしまったのです。余分なお金は使いたくありません。何とか、取り戻さなければ。しかも、寒いカナダでは必須のアイテム。

それは渡航して三ヶ月目、一一月初旬の土曜日のこと。翌日、バス・ターミナルのカウンターで「手袋の忘れ物が届いていませんか?」と尋ねました。ところが、「忘れ物はバス管理事務所に集められるので、そこに電話を」と言われ、電話番号を書いた紙を渡されました。「忘れ物はここの管理責任ではない、部署が違う」とばかりの言い方。

月曜日、バス管理事務所に早速電話。英語も不自由、電話では会話が聞き取りにくい。でも挑戦です。手袋の特徴や、バスの時間帯を話します。「そのような手袋は届いていません」との返答。あきらめきれない私は、火曜日にもう一度電話。すると、なんとそれらしい手袋が届いているとのこと。ラッキー！　翌日バス管理事務所へ。まさにそれは、私の手袋でした。「これです」と言うとすぐに渡してくれました。日本でのように書類へのサインなどは求められません。「これでいいの？」とは思いましたが、これもカナダ流か。とはいえ、英語を使って初めて忘れ物を取り戻すことができました。やってはみるものです。

さて、同じ一一月下旬の土曜日。図書館で勉強していたときです。自転車の像が脳裏をふっとよぎります。「あっ、置き忘れた！」。自転車を、バスの自転車ラックに置いたままで図書館に来てしまったのです。バスへの自転車の忘れ物?!　その日はワケありで、大学まで自転車をバスに積んで持ってきました。バスが大学へ着き、通い慣れた通路を脇目も振らずにスタスタと図書館へ。いつもの机に座り勉強開始……。しばらく経ったときです。自転車の映像が突然頭をよぎったのです。「あれっ、自転車は？　しまった！　自転車を下ろすのを忘れた！」とそのとき初めて気づきました。自転車をバスのラックに置いたままだったのです。こういう時は、やはり間髪入れずに動くこと。バス・ターミナルに電話して自転車の特徴を話します。「その自転車ならバス・ターミナルで保管していますよ」との返事。よかった！　バス・ターミナルの事務所へ行くと、奥の方から自転車を出してきてくれました。なんと、二台！です。「私のような人が他にもいる！　俺だけじゃない」とちょっと安心。ここでも、書類にサインすることもなく、私に引き渡してくれました。自転車という大切な生活用品が戻ってきました。ここでも思いました。動けばなんとかなるもんだ、と。

トラブルを曖昧にしたくなかった私。とにかくあきらめずに取り戻そうとしました。その甲斐あってか、英語や電話の壁があったものの、なんとか取り戻すことが。動くこと、やってみること、という思いを強くしました。

さて、実は忘れ物ではこんなことも。渡航後、約半年経った三月初旬のことです。家に着き、部屋でパソコンを使い始めます。マウスが見当たりません。リュックサックのあちこちを探すのですが、ありません。リュックのポケットから、こぼれ落ちてしまったのか？　パソコンとマウスを大学へ持ち運びながら使っていた私。ところが、そのマウスを紛失。やはり、無駄な出費はしたくありません。バスの中ではと思い、バス・ターミナルへすぐに電話。ありました！　誰かが届けてくれていたようです。しかも、管理事務所に集められる前でまだターミナルにありました。

ところが電話の向こうで、妙なことを言うのです。マウスに紙が貼ってあり、その紙にYasuと書いてある、というのです。何のこと？　翌朝バス・ターミナルのカウンターへ。「私がYasuです。マウスが届いているようですが」と申し出ます。すると、カウンターの引き出

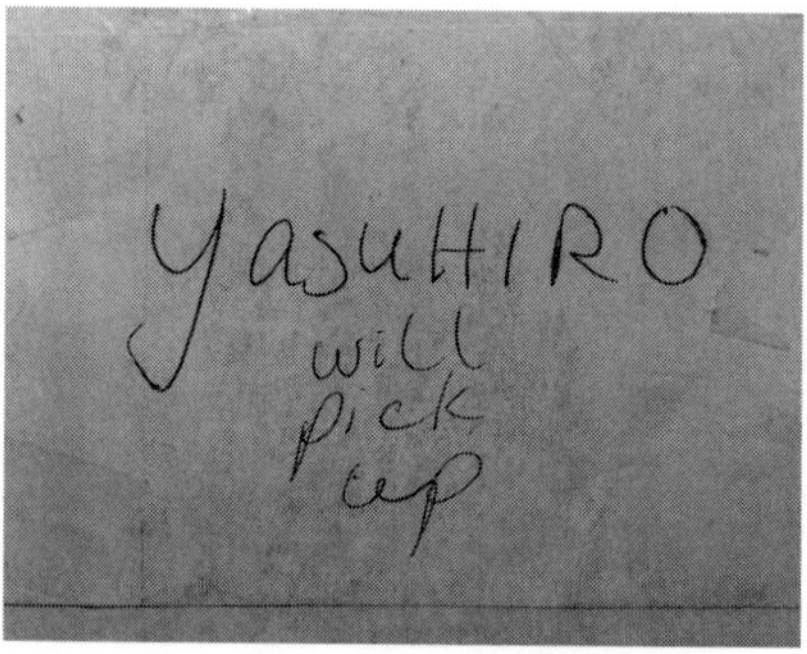

マウスに貼ってあった紙。後半の「HIRO will pick up」は、電話に出た担当者が後で書き加えてくれたのだと思います

しから出してきて渡してくれました。マウスは紙に巻かれていたのですが、その紙には確かに「Yasu……」という走り書きが。驚きました。誰が拾ってくれたのかは分かりません。ただ、なにかの幸運でそのマウスと「Yasu」とが結びつき、そんなメモになったのでしょう。ありがたかったです。名前を言って届けてくれた方のご好意に、本当に感謝します。「名前を知っていれば、言って届ける」という配慮がこの街にはあるのだと思うと、幸せな気持ちにもなりました。いい思い出です。マウスに巻かれていたその紙を手元で見ながら、これを書いています（写真）。外国で受けた好意の証です。

トーフル（テスト）に関わる経費の払い戻し

「今日のテストは中止ですよ」（警備員さん）
「そんなことは聞いてません！」（私）
「メールが送られているはずですよ」（警備員さん）

「本当ですか?!」（私）

英語力の伸長を測るために、英語検定試験（トーフル）を定期的に受験。渡航直前に日本で受験し、その後は学期ごとに合わせて三回受験。四ヶ月に一回です。冒頭のやりとりは一回目の一二月、トロントの受験会場でのことです。なんと、その日のテストが突然中止になったのです。

セント・キャサリンズには実施会場がなかったので、バスで一時間半かけてトロントまで行かなくてはなりませんでした。一二月中旬の土曜日、朝七時三〇分に集合するようにとのこと。早朝なので、トロントでの前泊が必要。幸い、日本人が経営しているお値打ちな宿が見つかったので、さっそく予約。さらに、バスのチケットも予約。ちなみに宿は朝食付で一泊六〇ドル（約五一〇〇円）、バスは往復二二ドル（約一九〇〇円）。

宿もバスも確保。この日を目標に英語学習に励み、やる気満々で試験日を迎えます。テスト前日の金曜日、昼食後すぐにセント・キャサリンズを発ちましたが、トロントに付いたのは午後の三時ごろ。初めて訪れた大都市トロント。宿にチェックイン後、会場まで下見に。地下鉄でテスト会場のビルに到着。エレベーターで二二階まで上がり部屋の前まで行きます。徒歩ルートも確認するために帰りは宿まで約三〇分歩きました。

さて、翌朝は四時半に起きて朝食をすませ、いざ出発。会場に到着してエレベーターに乗ります。たまたま、中国人の若者とその母親らしい方とエレベーターで一緒に。この若者も受験者でした。エレベーターに乗り、二二階のボタンを押します。ところが、エレベーターが動きません。「おかしいね?」と言いながら、エレベーターを彼らと出たり入ったりしていました。とすると警備員が、「テストが中止になり、その連絡のメールがすでに送られています」と言うではありませんか。「えっ、そんなの聞いてない!」。それが冒頭のやりとりです。このメールはパソコンに送られていました。今なら、スマホを使ってその場でそのメールを見るところ。ところが当時はやり方を知らず、その場では確認できず。

帰宅後、早速メールを開きます。確かに来ていました。ところがです、着信時刻はなんと出発前日(木曜日)の夜九時二二分! 私はもう寝ていましたし、翌朝はトロントへ向かうべく朝から緊張して動いていました。パソコンを開く余裕などはありません。「連絡が遅すぎる!」「宿泊費、バス代の計七〇〇〇円はどうしてくれるのだ!」という思いがこみ上げます。ただ、交渉をするとしても英語です。日常会話とは違います。これがカナダ流だと腹に収めてあきらめるという選択肢も。しかし、この配慮のない遅すぎる連絡に気持ちが治まりません。しかも言葉が不自由なためにあきらめるということにとりわけ我慢できません。

「よしっ」と心に決め、トーフル本部(在アメリカ)に電話。そうすると、「メールを担当者に

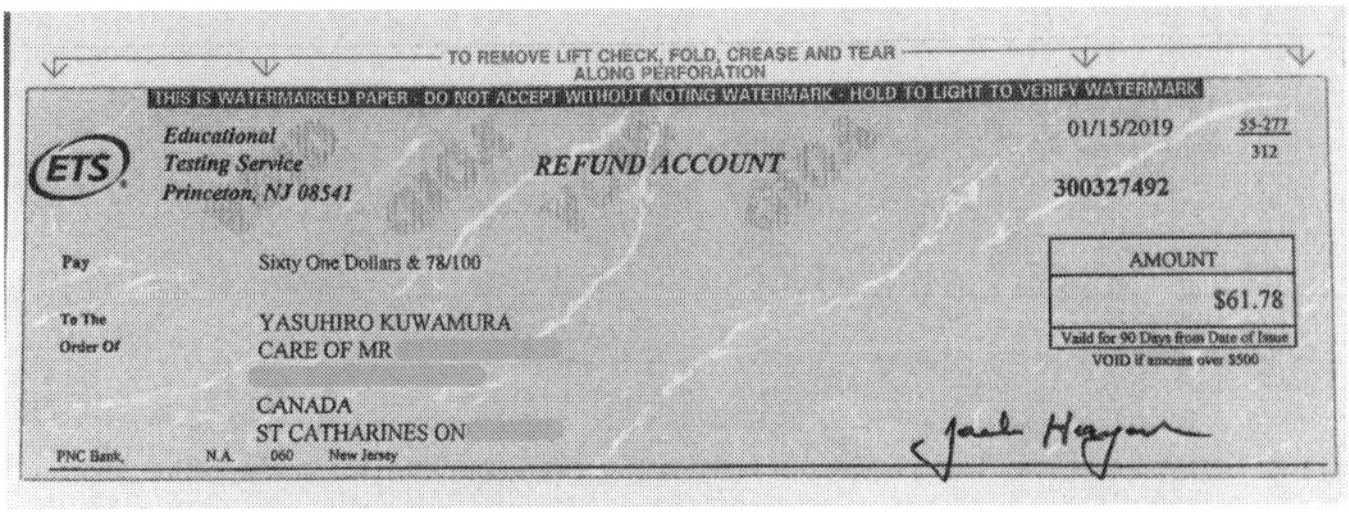

トーフルからゲットした小切手。61.78米ドル。やった！

送ってください」との返答。すぐに、交渉メールを送ります。「連絡が遅すぎる」ということと前日の午後から動いていたという先の事情を書き、宿泊費とバス代の払い戻しをやや強い調子で請求しました。ホスト・ファーザーのスティーブは「払い戻しは無理ではないか？」と言っていたのですが……。

ところが翌日、トーフルからのメールが。領収書（宿泊費、バス代）のコピーを送れば検討するというのです。早速、写真に撮って送信。そして、待つこと二週間。なんと払い戻すという返事が来たのです。「やった！」。その後米ドルの小切手を受領（写真）。銀行の口座（カナダ）に入金。私の「遅すぎる！」という訴えがトーフル本部に通じたのでしょうか。この時は、「私の身になって、全うに応答してくれた」ということに、感謝の思いでいっぱいでした。ここでも、「やれば、なんとかなるもんだ！」との思いを強くしました。

こんなことなら、テスト前夜の夕食代二〇・五ドル（約一七〇〇円）や会場までの地下鉄代一〇ドル（約八五〇円）も請求すればよかったです。こういう請求は初めてだったので、遠慮してしまいました。

ATMでの入金トラブル。が、ちょっといいことも

「ピー、ピー、ピー、ピー……」

ATMが鳴っています。なにかの警報音のようです。焦りました。なんで鳴っているのか分かりません。日本でなら、お金や通帳・カードの取り出しが遅いと警報音が鳴りますね。よくあることなので焦りません。「またか!」くらいです。あれこれボタンを押してみました。やっと止まりました。ほっと胸をなで下ろし帰宅します。それは一期目の終わった一二月下旬、クリスマス休みのある日のこと。バス・ターミナルで韓国に帰国するチャン[*1]を見送った後、銀行のATMで七〇ドル(約六〇〇〇円)をお札で入金。節約!節約! 必要のないお金はできるだけ手元に持たないようにしていました。

ところが、ちょっとしたトラブルが。ATMへのお札の入れ方は、日本の自販機にお札を入れるのと同じ要領で、「差し入れ口」に差し込みます。いつもなら、そこからスルスルと吸い込まれて中に入ります。ところが、今日はうまく入ってくれません。途中で止まってしまうのです。「おかしいな?」と思いながら何度か試します。すると、なんとか入ったのですが、お札の端がはみ出ています。「あれあれ? おかしいな」と見ていたのですが、ややあって吸い込まれます。「よかった！」と思うものの、警報音のようなものが鳴っているのです。「どうしたらいいの？」。あれこれ画面を操作しているとその音が止まりました。「よかった。よかった」と胸をなで下ろし、帰宅。

その夜です。口座の入出金をパソコンで確認。ところがです、今日の七〇ドルが入金されていない（記帳されていない）のです。「えっ、あの六〇〇〇円はどうなるの？」と慌てました。こういう場合はすぐにコール・センターに電話です。しかし、聞きとりにくい電話の壁と、英語の壁。けれども、六〇〇〇円のためにはそんなことは言っておれません。思い切って電話。先の事情を説明し、あれこれとやりとりします。回答は、「二四時間後にもう一度口座を確認してください」とのこと。それなら、明日チェックしてみようと、その日は寝ました。

翌日です。二四時間後とは言われたのですが、トラブルの時は、先手先手で動く方が良いはず。「何はともあれ、銀行に行ってみよう！」と家を出ます。こういう時は直接会って話をするのが一番。顔を見ながらやりとりした方が、トラブルは解決しやすい！　銀行に入り、カウンターではなく相談室へ。そこにいた行員の方に必死で説明します。

私　「入金したはずの七〇ドルが記帳されていません！」

彼女「ＡＴＭに入れる時、お札を封筒に入れましたか？」

私　「封筒？　なんのことですか？　封筒などは使わずに、お札を裸のまま入れました」

彼女「それが原因です。ATMにお札を入れる時は、備え付けの封筒にお札を入れ、その封筒ごと投入するのですよ」

お札は封筒に入れて入金する。これがカナダ流のATMでの入金方法。そう言われると思い当たることが。ATMの横のラックに、窓付の封筒が置かれていました。これには以前から気づいていましたが、「何のための封筒だろう？」とは思うものの、必要がなかったので深くは追求せず。というのは、封筒なしでも入金できていたからです。ところがカナダでは、封筒を使って入金するのが標準の手順だったのです。封筒なしで投入したために、エラーが起こってしまったのです。[*2] 本来の業務ではない、凡ミスのトラブルを突然持ち込まれ、彼女は困っているようでした。しかし六〇〇〇円です。なんとしても取り戻さねばと思い、彼女に食らいつきました。「この件は私の責任で処理します。上司の指示を仰いで返事をします」との返答をゲット。とはいえ、連絡を待つだけでは心配になり、翌日彼女を再訪。上司からの返事は？と聞いたのですが、まだとのこと。よくよくお願いして銀行を出ました。

数日後です。パソコンで電子通帳を見ました。七〇ドルが入金されている（記帳されている）ではありませんか。これまた「やった！」です。あきらめずに押したらなんとかなった、とでもいうのでしょうか。すぐに店に行って、直接話したことも功を奏したのでは。一月から始まる新学期の授業でこのことを話すと、「ATMには監視カメラが付いているから、Yasuの入金は確認できたはずだよ」と言う先生。そりゃそうですよね。もっともだと思いました。ただ、彼からは「愉快な話（笑い話）だね」と言われてしまいましたが。

さて、このトラブルが思わぬ展開を。それは「定期預金」です。食らいついた彼女は、苦情処理に当たり私の口座を調べていました。それで、まとまったお金を私が持っていることを知ったからでしょう。トラブッていた私に、定期預金を勧めてくれたのです。この時には、残る八ヶ月分の必要な資金が入っていました。授業料、ホームステイ費、生活費など、少なからずの額です。

定期預金の利率が高い！ 彼女から定期預金の説明を聞いた後、もらったパンフレットを帰宅後に確認。何と、定期預金の利率が驚くほど高いのです。九〇日定期では年利一・八〇パーセント、一八〇日定期では年利一・八五パーセントなのです。驚喜しました。渡航前の日本では、良くても年利〇・二パーセント。日本は長期の低金利政策ですが、カナダは違ったのです。「よしっ！ 定期預金で利子をもらおう」と、海外での定期預金による資金運用に挑戦。定期預金用の口座を彼女に開設してもらい、一月から帰国前の六月まで、定期預金で運用。結局この六ヶ月間で、六四・六九ドル（五四九八円）もの（？）利息をもらうことができました。日本では考えられない額です。まずまずの結果に、「やった、やった」と小躍りした次第です。

＊1　チャン。帰国後に徴兵を控えています（第2章8）。
＊2　その後、封筒なしで入金できるATMが、設置され始めていました。

入れ歯を作り直す

「あっ、はずれた」。突然、入れ歯が外れました。はめ直しても、はめ直しても、すぐに外れてしまいます。困りました。歯医者は、まだカナダでは受診したことがありません。スティーブに相談すると、彼は遠くの歯医者に行くそうで、車でないと行くことができず、私には紹介できないとのこと。

それは、二〇一九年二月のことでした。ちょうどカナダ滞在の折り返し点。二月半ばには、冬学期（一月～四月）の中休み[＊1]があります。これを利用して、アメリカ旅行を計画。ワシントン近郊に住む、大学時代の友人に四〇年ぶりに会い、足を伸ばして南部ニューオリンズへ。全てバス旅行です。入れ歯が外れたのは、出発の二日前。入れ歯が少しガタついたかと思ったら、突然はまらなくなったのです。うまく噛むことができません。明後日から八日間のアメリカ旅行です。

「出発までにはなんとかしなくては」と、焦ります。家の近くの歯医者は予約が一杯。大学の近くの病院では「入れ歯」は扱っていない、と言われてしまいました。結局、入れ歯のがたつきを気にしながら、八日間の旅行をするハメに。

旅行から帰って予約を取り、歯医者へ。英語での歯科受診は初めて。しかも、その歯科医師は移民されてきた方のようで、英語が聞き取りにくいのです。診察台に座り、入れ歯を見せて説明します。彼は入れ歯を私の歯にはめようとするのですが、やはりうまくはまりません。彼は困った顔をして、「入れ歯技師を紹介するからそこへ行きなさい」と言って、予約を取ってくれました。幸い、自転車で行ける所です。「これで入れ歯もなんとかなるかも」と、気持ちに日が差しました。

さて、入れ歯技師の所に行きます。入り口の看板には「デンチュール（入れ歯）クリニック」と書いてあります。診察後にわかったのですが、カナダでは「歯科医」と「入れ歯技師」とは、全くの分業。入れ歯技師が患者を直接診察し、入れ歯を作製するという仕組み。それぞれが、独立した営業をしているのです。

陽気な技師さんでした。明るく話をされるのでこちらもハキハキと対応します。ただ、ちょっと英語が速くてわかりにくいのです。診察台に座り、あれこれ聞き直し、内容を確かめながら話を進めます。やはり、作り直さなければならないとのこと。お代は、なんと一四九五ドル（約一二万七〇〇〇円）。痛い出費です。入れ歯作製に保険を使うことは難しそうでした。

日本の傷害保険でも、ガード・ミー保険でも、条件は厳しかった気がします。ということは、全額、自己負担になる可能性が濃厚。その時に使っていた入れ歯は、日本の健康保険で五〇〇〇円くらいでした。迷いました。けれども、まだこれから半年以上滞在します。入れ歯がしっかりしていないと食事にも困りますし、ひいては健康にも影響。思い切って作製を依頼！

まずは型取りから（三月七日）。二週間後に一応完成。カナダ製の入れ歯です。その後微調整に三回通い、ようやく使い始めます。さらに、使用後の微調整が一回あり、作製終了（四月一一日）。帰国後も、この入れ歯にお世話になりました。日本で言うところの、自費診療の入れ歯。使い勝手は良かったです。

さて、代金です。ダメ元で日本の傷害保険の会社に電話してみましたが、やはりダメ。ガード・ミー保険の条件書を読んでも、私の場合は対象外のようです。しかし、万が一にと思ってオンラインで請求してみたのですが、つき返されたことは、先にも書きました。残るは、日本の健康保険（公立学校共済組合）。この保険からは、海外での診療にも保険が出ることが分かっていましたので、国際電話をかけて確認。ところが、出るのですが、そう多額ではありません。しかし、額の多寡は言っておれません。カナダの入れ歯技師に書いてもらった書類も含め、必要な書類を妻に郵送し、手続きを進めてもらいました。結局、二万五七四〇円を支給してもらうことができました。カナダで支払った額の約二割です。[*2] これは想定外のトラブル。障害保険は使えませんでしたが、なんとかやれる所まではやりました。

＊1 「リーディング・ウィーク」と言います。各学期の中程にある一週間の休み。学習に使うもよし、遊びに使うもよし。

＊2 これは、「海外療養費」という制度。第3章1「ガード・ミー保険」の＊3に解説しました。支給額の計算法は以下の通りです。「日本で、保険診療でその入れ歯を作製したとして、それにかかった費用の七割を支払う」というのです。三割はもともと自己負担分なので、余計に払ったことになる、残りの七割を支給してくれるというのです。

前歯を折る

「痛たたっ！」

ドーナツをフォークで食べているときです。「グキッ！」。前歯が根元からゆがんだのが分かりました。ドーナツを噛《か》むときに、フォークも一緒に噛んでしまったのです。それは、新しい入れ歯の作製中。入れ歯なしで食べていた時のことでした。

三月下旬、それは土曜の夜でした。アルコールを飲むのは週に一回と決め、その日は大好きな、砂糖のたっぷりかかった甘いドーナツを食べながら、ウイスキーの水割りを楽しんでいました。ちょっと気取ってカナダ流に、ドーナツをフォークで食べていました。ところがです、思い切りドーナツを噛んだ時に、ドーナツに隠れていたフォークを一緒に噛んでしまったのです。噛んだ瞬間、前歯がゆがみました。「しまった！　大丈夫かな？」と心配するものの、食べ続けることができます。そのうち治まるだろうとそのまま寝ます。ところが、翌日もその翌日も歯の痛みが引きません。前歯で噛もうとすると痛むのです。

これはちょっとまずいことに。最初に入れ歯を見てもらった歯医者に行きました。レントゲン写真を撮ってもらい、その画像を見せてもらいます。前歯の根元に確かにヒビが。「前歯が折れています。抜きましょう」との診断。けれども、歯は一度抜くと生え替わってきません。異国の地で歯を抜くという決断は、すぐにはできません。「なんとか残せないですか」と相談すると、「それなら、専門医を紹介するからそこで診てもらってください」とのこと。その場で予約を取ってもらいます。帰宅後、メールでレントゲン写真を送って欲しいと頼むと、すぐに送ってくれました。レントゲン写真がすぐに、しかもメールでもらえるとは。こういうところはカナダらしいです。

帰宅後、日本のかかりつけの歯科医に思いあまって国際電話。こういうことは、日本語で相談したかったのです。思いの丈《たけ》を話し、その上で判断を仰ぐ。そうでなければ、抜歯はできないと思いました。レントゲン写真が手元にあるので、メールで送ろうとしましたが、画像だけでの診断はやはり無理だとのこと。「そうだ！　トロントには日本人のやっている床屋がある。ということは、日本人の歯科医もあるのでは？」とひらめきました。トロントには、日本人の経営する以前利用した宿があります。そこに聞いて、日本人の歯科医を教えてもらおうとしました。歯科医は紹介してもらえなかったのですが、その代わりに『きずな』という、日本人をサポートしている組織（会社）を教えてくれました。早速電話。日本語で話ができたのは、本当に助かりました。困っていることを存分に話すことができます。聞いてみると、日本人の歯科医がトロントにいました。やってはみるものです。日本人も結構住んでいるのです。

その日本人歯科医にすぐに電話。受付の方も日本人。ここでも、思い残すことなくあれこれと話ができました。レントゲン写真があるので送りましょうかというと、送ってくださいとのこと。早速、送信。けれども、やはり「抜くしかないですね」という見立て。その後、予約がしてあった専門医でも診察を。専門医らしい、より精細なレントゲン写真を撮ってもらい、その画像を見せてもらいました。しかし、彼の見立ても、「抜く」こと。やはり残せないようです。[*1]

結局三人の歯科医師から抜くという診断を受けました。やむなく抜歯を予約。しかし、異国の地カナダで歯を抜くということが、やっぱり気になり出します。「日本のかかりつけの歯科医に直接診てもらい、それからでも遅くはない。もしかして、残すという選択肢もあるかもしれない。ここで早まらなくても良いのでは？」という思いがよぎります。抜歯を予約した歯科医に出向き、抜歯は帰国してからにしますと伝えました。彼も、英語の不自由な患者の歯を抜くのは心配だったのか、あっさり了解してくれました。彼からは、通訳を連れてくるようにと実は言われてました。『きずな』に相談したのですが、トロントからの出張になり、費用がかさむので躊躇《ちゅうちょ》していたのです。実際には、看護師さんが丁寧に説明してくださったのでなんとかなりましたが。ただ、引き返せないこのような治療の時には、治療する側にもされる側にも、意志が十分に伝わる言語が必要なのですね。

帰国後、かかりつけの歯科医にすぐに行きました。やはり、残すことはできず抜くことにと言っても得心の上です。その先生には、「よくこんな状態で過ごしておられましたね。いつ折れても、不思議ではなかったですよ」と言われました。

＊1　この二件の歯科治療費は、幸い、現地のガード・ミー保険で全て補償されました。歯科治療は保険適用が難しいと聞いていたので、気になっていました。意外でしたし、ありがたかったです。ひょっとしたら、事故扱いだったのかも知れません。ただ、前にも書いたように、個別の事情（案件）については、改めて確かめていただきたいと思います。

万引きの嫌疑をかけられる

「ピンポーン」。スーパーを私が出ようとした、ちょうどその時です。アラームが鳴ったのです。盗難防止用のアラーム。「えっ？　何で？」と思っていたら、店員に呼び止められます。

「買った品物と、レシートを見せて！」と言うのです。「万引き」に疑われたのです。

袋から買った品物を全て出し、レシートで一つ一つ確認します。全て支払い済み。袋に残っているのは、別の店で買ったジャンパーだけ。「おかしいね？」と店員も言っています。「誤作動だったのか？」ということで嫌疑は晴れ、結局解放されました。しかし、お客さん二人がこちらをチラチラ見ながら話していました。「あの人、万引きで捕まったんだ」とでも話していたのでしょうか。

それは三期目（最後の学期）が始まった五月初旬のこと。カナダはまだ肌寒く、春物のジャンパーを買うために、まずはアウトレット・モールへ。バスで片道一五分くらいです。お気に入りの店に手頃なジャンパーがあったので、買い求めました。六七・七九ドル（約五八〇〇円）。手下げ袋に入れてもらいます。いい買い物ができたと、満足。

帰りのバスで、よく行くショッピング・モールへ。Wというお値打ちなスーパーに向かいます。その店には、「盗難防止用のパネル」が出入り口に。日本でも、図書館の出入り口などに立っていますね。その店に入ろうとして、そのパネルの間を通った時です。「ピンポーン」、アラームが鳴ったのです。「あれっ？」。買い物はこれから。「変なこともあるもんだ」。何かの誤報かな？　けれども私には関係ないよな」と思い、中で買い物を。支払いもすませ、持っていたジャンパーの袋に買った品物を入れて、スーパーを出ようとしました。「ピンポーン」。出入り口で、アラームがまた鳴ったのです。店員に呼び止められます。万引きと思われたのです。品物とレシートが合っていたので、嫌疑は幸い晴れたのですが釈然としません。

さて、翌日の夜です。買ったばかりのジャンパーを着てみようと袋から取り出します。「あれっ！」。直径五〜六センチメートルのプラスチック製円盤が裾に付いています。「デザインなのかなあ?」。外そうとしましたが、容易には取れません。よく見ると、小さな字でその円盤に何か書いてあります。「無理に外すと、中から染料が出てきて汚れます」と書いてあるのです。わかりました。「盗難防止用のタグ」なのです。

見えてきました。「ジャンパーには、この盗難防止用タグが付いたままだった。それを袋に入れてスーパーに入店したので、装置が反応してアラームが入店時に鳴った。そして、そのタグつきのジャンパーを持ったまま出店したので、出店時にもう一度アラームが鳴った」ということなのか。「こんなことがあり得るの！」と思いました。先にジャンパーを買ったアウトレット・モールで、店員さんがこのタグを外し忘れたようなのです。「いいかげんな店もあるなあ！」とは思いました。[*1]

とにかくこれを外してもらわないと、盗難品を着ていることになります。バスに乗り、タグを外してもらうために、もう一度ジャンパーを買った店へ。店のレジに申し出ると、すぐに外してくれました。しかし、気持ちが治まりません。万引きの嫌疑と往復のバス代一二ドル（一〇二〇円)。このバス代だけでもなんとかしてもらいたい!

タグを外してもらった後で、レジで交渉を。「今日ここに来たのは、そちらのミスが原因です。バス代は私にとっては必要のない出費です。バス代を払い戻して下さい」と、丁寧に説明。しかし、レジの店員さんでは埒《らち》が明かず、店長らしき人が出てきました。強い調子で、この店長にも同じ説明を。彼の言い分は、「店には私の扱える現金がない。従って、払い戻すことはできない。その代わりこの店で使えるクーポンを差し上げます」と言って、二五ドルのクーポンを渡そうとしました。バス代は一二ドル、クーポンは二五ドルです。得かな?

いやいや、やはり現金です。現金ならどこでも使えます。ここでひるんではいけないと思いなおし、現金による払い戻しを重ねて求めます。しかし、その店長は頑として応じてくれません。いったん「ノー」という返事をすると、それを撤回する、変えるということはカナダでは難しそうなのです。これは、ここ以外でも感じていました。しかしさらに突っ込みます。「現金なら、そこの引き出しに入っているでしょう」と。そのままは受け取りがたいのですが、「店の現金には触れない」というようなことを言っていました。あれこれと押し問答をしました。しかし、店長の姿勢はとても堅く、変わりそうにありません。結局、クーポン券をもらって帰りました。

帰途で思ったのは、「万引きと間違われたことを話せば良かったな」ということ。「店員に荷物検査をされた。近くのお客さんにも白い目で見られたようだ。不名誉なことだ。恥をかいた」等をです。今思うと、バス代よりも、この点での謝罪の言葉をなんとしても求めるべきでした。今思いだしても胸がザワつきます。

これが25ドルのクーポン。使い方の説明は裏面に

さて、そのクーポン券なのですが、ちょっと残念なことが。なんと、小さな字で「二五ドル以上の買い物をすれば、このクーポン券でそこから二五ドルを割り引く」と書いてあるのです。つまり、もう一度バス代を使って出かけ、さらに少なくとも二五ドルの品物をあの店で買わなければならないのです。先生のキャットにも顛末を話しました。クーポン券のことは、「なんだそれは！　払い戻しになってないわね」という顔で聞いてくれました。そのクーポン券は今も手元に取ってあります（写真）。

＊1　帰国後にこのことを大学生の息子に話したら、「ジャンパーを買ったアウトレット・モールの店を出るときに、アラームは鳴らなかったの？」というわけです。それもそうです。そこでアラームが鳴らなければ、盗難防止用タグの意味がありません。ジャンパーを買った店にも、盗難防止用の電子パネルが出入り口にはありましたが、アラームは鳴らなかったのです。何のトラブルもなく店を出ること

ができました。どうなっていたのでしょう？

在外投票に挑戦するも、投票できず！

届きません。日本から送られてくるはずの投票用紙が、予定の日を過ぎても届かないのです。参議院選挙の投票をしようと、カナダから投票用紙を請求。今日は既に七月一二日。投票日まであと九日。返送して、投票日までに到着しなければ投票は無効。ところがその投票用紙が届かないのです。なんとも困ってしまい、日本の地元選挙管理委員会に国際電話を。選管は郵便の追跡番号を使って調べてくれました。それによると、「七月八日　セント・キャサリンズに到着、保管」となっているのです。[*1]「えっ！」。今日は、既に七月一二日。つまり、その四日前には、カナダ、セント・キャサリンズに着いているのです。そして「保管」。どういうこと？

二〇一九年七月二一日は、参議院選挙の投票日。『在外選挙』の手続きをすればカナダからでも投票することができました。三月の末、そろそろ時期かと思い窓口になっている、トロントの日本総領事館に問い合わせます。すると、「日本からカナダへの、住民票の『転出届』をすぐに出してください。これが出ていないと在外選挙はできません」とのこと。「えっ！　そんなことが必要だったの」と想定外の返事に慌てました。日本の妻にすぐに電話して、手続きを依頼。突然だったので妻もビックリ。それは四月の上旬でした。何度かのやりとりをして、転出届の提出は完了。[*2]

次に、四月中旬に総領事館に出向いて、在外投票の申請書を提出。[*3] 郵便やメールではダメ。授業の合間を縫い、早朝からバスで二時間かけてトロントへ。初めて入る総領事館です。所持品検査をされ、金属探知機をくぐるなど、ものものしい警備。ここの窓口も、刑務所の面会室のような作りです。何とか申請書を提出。次にすることは、二〜三ヶ月後に日本から送られてくる「選挙人証」を地元の選管に送り返し、投票用紙を請求すること。さて、待つこと二ヶ月余。それは六月二六日の夕方でした。日本からその選挙人証がやっと届いたのです。これを送り返して、投票用紙を請求しなければなりません。急がねば！　とてつもなく焦りました。というのは、これから送られてくる投票用紙に記入し、もう一度日本へ返送しなければならないからです。その日の夕食後、郵便局から発送。後は、投票用紙が来るのを待つだけです。

ところがです。待てども待てどもその投票用紙が来ないのです！　投票日は近づきます。このままでは間に合いません。たまりかねて地元選管に国際電話をして、そこで分かったことは、「この四日前にはセント・キャサリンズにその郵便物は既に到着し、保管されている」ということ。早速最寄りの郵便局に行き、私宛の郵便物がそこに留まっていないかを尋ねますが、そこではわからず。帰宅して、カナダ郵便にチャットで問い合わせます。返答は、「この郵便物は『配達局』にあり、正しい住所の確認中です。届くのは、（なんと）七月二二日になります」

とのこと。「正しい住所？　どういうこと？　二二日に到着！」。投票日は七月二一日。それでは間に合いません。

地元選管にもう一度、国際電話。カナダの住所をどう書いたのかを聞きました。分かってきました。その宛先の住所が間違っていたのです。

こういうことです。投票用紙を請求するために選管に封書を送ったのですが、返送を焦った私が、間違ったホームステイ先の住所をその封筒に書いてしまっていたのです。それをそのまま選管の方が写され、セント・キャサリンズまでは着いたのですが、そこからの配達先が分からずに「保管」。そして、住所確認中だったのです。ひょっとして、日本へ返送されたのか?!

しかし、とにかくこれでは投票できません。「まだ、カナダにあってくれ！」とばかりに、早速動きます。カナダ郵便の本局に行って、文書の所在を聞きます。「あるとすれば配達局だ」とのこと。そこの住所を聞き、そこまで自転車で。窓のない、殺風景な壁。通用門から中の人を呼び、郵便物の所在確認を依頼。待つこと数分。彼は手に持つ紙を見ながら、「確かにここに着いたのだが、今はない」と。どうも、日本へ返送された可能性が濃厚です。カナダ郵便にもう一度チャットで確認。「すでに配達局にはなく、日本に返送されたようです。もう一度カナダに戻ってきたら、あなたに配達します。七月二二日に届きます」とのこと。とうとう、「在外選挙」はできなくなりました。

投票日の三日後です。地元選管から「カナダから返送されてきました」とのメール。結局、セント・キャサリンズまでは着いたのですが、住所が間違っていたためそこからが宛先不明となり、投票用紙が私まで届かなかったのです。妻にこのことを連絡しました。妻はとても怒っているのです。二度も役場に行くなど、住民票の転出手続きがよほど大変だったようで、三年以上経った今でも、この話題を持ち出すと、妻はなんとなく気色ばむようです。

さて、帰国後です。地元選管は最後まで大変丁寧な扱いをしてくださいました。カナダから返送されてきた、投票用紙などが入った封筒を、担当職員お二人が自宅まで持ってきてくださったのです。「『選挙人証』（投票用紙請求時に、日本に送った）に記載してある住所を使うのが、本来の手続きでした。それを使わずに、封筒に書かれていた返信先を写したのが原因です」との説明。確かに、選挙人証の住所は正しく書かれていたのです。選管の責任だということで、お二人は謝罪をしてくださいました。しかも、今後の教訓にしたいということで、この件を新聞発表までされ、さらにその記事のコピーまでも持参してくださいました。朝日、読売、毎日、中日の四紙に掲載。とはいえ、私が封筒に書いた、返信先の住所が間違っていたということも重要な一因です。それにしても、選管の過分な対応には申し訳なく、感謝する次第です。

海外との手続きには、余裕と正確さがとりわけ要求されますね。当たり前かも知れませんが。

＊1　追跡番号を使うと、途中経過について、かなりのことが分かります。私の場合、引き受け局から配達局まで七つの取り扱い局を経ました。そして、それぞれの到着・発送時刻も確認することができました。その最後の所は、このような記録になっていました。

「七月八日　五時二九分　セント・キャサリンズの本局に到着
　　　　　八時五八分　配達局で保留
　　　　　八時五八分　配達局から出発
七月八日　　　　　　　保管」

＊2　二〇一八年（平成三〇年）六月より、『在外選挙』の『出国時登録申請』が始まりました。出国をする前に、在外選挙の手続きができます。転出届は出国時に出すことになります。私の出国時（二〇一八年八月）には、この制度を既に使うことができたのですが、知りませんでした。それで、渡航後にカナダから申請しました。

＊3　正確には『在外選挙人名簿登録申請書』。この申請により、地元選挙管理委員会の『在外選挙人名簿』に登録され、そして『在外選挙人証』が申請人に交付されます。

第4章　そして考えた

1　ジェンダー平等[*1]

帰国後、私は食器洗いを始めました

ヤカンから噴きこぼれるお湯。ガスを止め、ポットに入れます。テーブルを拭き、お箸を並べ、味噌汁の鍋に味噌と豆腐を入れます。朝食の準備をする私。コーヒーやヨーグルトの準備をする頃、「おはよう」と妻の声。起きてきました。二人で食卓に座り食べ始めます。朝食後に食器を洗うのも私。食卓では、妻が新聞に目を通しています。余裕がある時には、彼女は夕食の下ごしらえをしたり、外に出てちょっとした畑仕事も。そして出勤です。そうなんです。

帰国後、私は家事を始めました。これ以外に、夕食後に食器を洗い、お米をといで炊飯器をセットするのも私の仕事。もう三年半になります。

渡航前は、家事は女性がするものだと思って（思い込んで）いました。もちろん、私が食器

洗いをすることも時々はありました。そんな時でも、やってあげているとか、やらされているという思いを持ちながらです。不承《ふしょう》不承《ぶしょう》やっているというオーラが背中から漂っていたかも。ひょっとしたら妻も、「申し訳ないねえ」という思いで、私の食器洗いを見ていたのではと思います。退職後でさえも妻に任せきり。朝食も夕食も妻が作り、食器も洗う。夫は、座っていれば良いのだと思っていました。

ところがです。世界には、違う男性達がいたのです。それは、当たり前のように家事をこなす男性の姿でした。ナイトガウンを着たままで、毎朝、毎朝食洗機の食器を棚へ並べるスティーブ。週一回のゴミ出しや肉を焼くこと、洗濯や掃除機をかけることも彼の担当だったようです。[*2] 少なくともこれらを、お連れ合いのシャロンがしているところは見たことがありません。そう言えば、一軒目のホスト・ファーザーにも、弁当のサンドイッチを作ってもらったことがあります。日本でも、退職後はさすがに家事をする男性は多いのではと思いますが？ としても、私は妻に任せきりでした。

女性に対する見方もどうだったのでしょう。ワイン・フェスティバル（第3章4）での女性リーダーとの出会い。あれは、本当に意外でした。「リーダーというのは男性がするもの」という思い込みが、渡航前にはあったのだと思います。思い起こすと、渡航前の二〇一六年（平成二八年）四月から、地元の町でもちょっとした変化が。地元のコミュニティの区長が、初めて女性になったのです。町には区が六つ。これまで女性の区長はいませんでした。その時は、ちょっとビックリ。といっても、日本はこれからですね。政策立案過程に、女性の視点がより入っていくことになれば、政治もきっとより豊かなものになって行くのでは。

「選択的夫婦別姓」「男女の賃金格差」「方針決定過程への女性参画」など、ジェンダー平等に関わる話題が、日本ではここ数年急速に増えてきたように思います。そして、帰国後の出来事ですが、「女性の入る会議は長くなる」と言って、セクハラ批判にさらされた元首相。また結婚してからの同姓を強制しているのは日本だけだとも聞きます。ジェンダー意識についてもいよいよ急速に変わっていく途上なのではないでしょうか。そのような時代を迎えるに当たり、より先を行くジェンダー平等の体験ができたことを幸せに思います。日本でも、家事を男女で分担するなどは、今の若い人たちにとっては当たり前の事。私の食器洗いの後ろ姿も、自然な雰囲気になってきたでしょうか。子ども達が帰ってきて私を見たときに、そんな風に感じてくれたらと思います。私の意識も変革の途上です。[*3]

＊1「この（ジェンダーの）概念は、人間の生物学的な性別とは区別された社会的な性別を指し、やや単純化すれば、「男らしさ」や「女らしさ」を意味する。人間の性を二つに区分し、「男とはこういうものだ」「女とはこういうものだ」と考える発想は、人間の生活に大きな影響を与えてきた」（『女性のいない民主主義』前田健太郎・岩波書店）

＊2　ゴミは四種類「生ゴミ」「紙」「紙以外の燃えるゴミ」「ペットボトル・空き缶」に分別するので、ゴミ箱を彼は四つ出していました（口絵⑩）。ハンバーガーに挟むパティを焼いたりするのも彼の仕事。裏庭に、肉を焼くガスコンロがあり、率先して彼は庭で焼いていました。

＊3　先日、長女が帰ってきたときです。味噌汁を作る私の姿を見て、「お父さんが、味噌汁を作ってる！」と、妻に言っていたとのこと。

妻にもらった通信簿　「優　㊞良　可　不可」　八五点／一〇〇点

帰国後の家事について、けっこう認めてもらえているのではと思っていた私。この本を書くに当たって「通信簿」を書いて欲しいと妻に頼みました。評価は言ってくれましたが、執筆は断られました。理由は、「書くと、禍根を残すかも知れないから」とのこと（笑）。私の家事への関わり方も、まだまだだということでしょうか。

男性優位

帰国後のことです。あるイベントでの実行委員会。

「こういう役は、男の人にしていただけませんか」

と、ある女性からの提案。イベントの本番を控え、パートリーダーを係ごとに決めようとしている時でした。私の係は、女性が四人で男性は私だけ。

「今はそんな時代ではないですよ。男女を問わずに選びましょう」

と、私。

それは、帰国して四ヶ月後の二〇二〇年（令和二年）一月下旬のことでした。コロナ禍の直前です。六五歳のシニアを対象とする、地元自治体主催のイベントが行われたのです。もちろん実行委員も六五歳の人ばかり。退職後のシニアが、これからの生活を心身ともに生き生きと過ごしていこう、というイベント。メイン行事の他に、いろいろな活動諸団体の紹介もあり、これからの生活の選択肢が広がっていくような前向きなイベントでした。一〇〇名以上の出席があり、盛況のうちに開催。実行委員に立候補し、途中から参加した私。イベントを盛り上げようと協力しました。

その実行委員会でのことです。係のパートリーダーを決める時に、「男の人に」というお勧めがあったのです。カナダから帰ったばかりの私。「ワイン・フェスティバルの責任者は女性だったのに」という体験が思い浮かびます。結局、私が引き受けました。ひょっとしたら、「男性が上に立つ」さらには「男性を立てる」ということを、この年代の多くの女性は思っておられるのでは。とはいえ、心の中では忸怩《じくじ》たる思いを抱きながらやってこられたのかも知れませんが。

そういう私も、帰国するまではこのような男性優位の意識にまみれていました。実は、こんなことがあったのです。二軒目のホームステイ先が決まったときです。ホスト・マザーのシャロンから、早速私に「こんにちは。会えるのを楽しみにしています」というメールが。返事を送ろうとしてちょっと迷ったのです。ホスト・ファーザーのスティーブに送ろうか、ホスト・マザーのシャロンに送ろうかと。私は、「これは、ご主人[*1]に送り返さねば」と思いました。「家の中心に座っているのは男性であり、『家長』たるスティーブに返信をしなければ」と考えました。こういう時は、お父さんに送り返すのが礼儀だとさえ思っていました。今思うと、シャロンは不快だったのかも。「メールを出したのは、私。なぜその私に返信をくれないのか」と。シャロンとは心なしかギクシャクしたこともあったのですが、ひょっとしたらこんなところにも端を発していたのではと思います。「男性優位」「男性中心」のオーラが、そのころの私にはきっと漂っていたのでしょう。シャロンは、「自分はスティーブよりも下に見られている」と感じ、憤懣《ふんまん》やるかたない、とでもいうような気持ちだったのかも知れません。

古き「家父長制」の名残、「父親が家の中心に座り、最終的な決定権を持ち、妻や子どもはそれに従う」という考え方。概ね「父親中心」の雰囲気の中で育った私。母親にもそういう意識があり、「父親を立てるように」と、度々言われたことを憶えています。そういう男子がカナダに渡航。そう言えば、先生のキャットと話しているときにも、「男女は平等ですよ」ということを何かの折に言われたことを思い出します。彼女も、私のそういう指向を感じたのでしょうか。私と同年代の男性では、このような考え方も少なくないのでは。

女性が生き生きと生きている社会。自らを十全に発揮している社会。指導的なポストについている社会。それに触れてしまった私は、ジェンダー平等について考えざるを得なくなりました。そして、先にも書いた元首相のセクハラ発言。意識の変革が、世の男性には迫られているように思います。食器洗いを進んでするようになった私。わずかですが、意識が変化してきているのを感じています。

＊1　「『夫』に対しては『妻』という呼び名がありますよ。ご自分のパートナーを表すのに『家内』ではなく『妻』という呼称を使われてはいかがですか」とある方からご指摘を受けました。なるほどと思い、それからは「主人」「家内」などの使用は避けるようにしています。が、まだこの時は、「主人」という言葉には、なんの抵抗も感じませんでした。

2　個人主義、「人は人」

足を投げ出して座る乗客

えっ！と目を疑う情景。バスの中です。足を座席の上に投げ出して座っている人がいるのです。しかも、靴を履いたままで。日本では、見たことがありません。セント・キャサリンズ

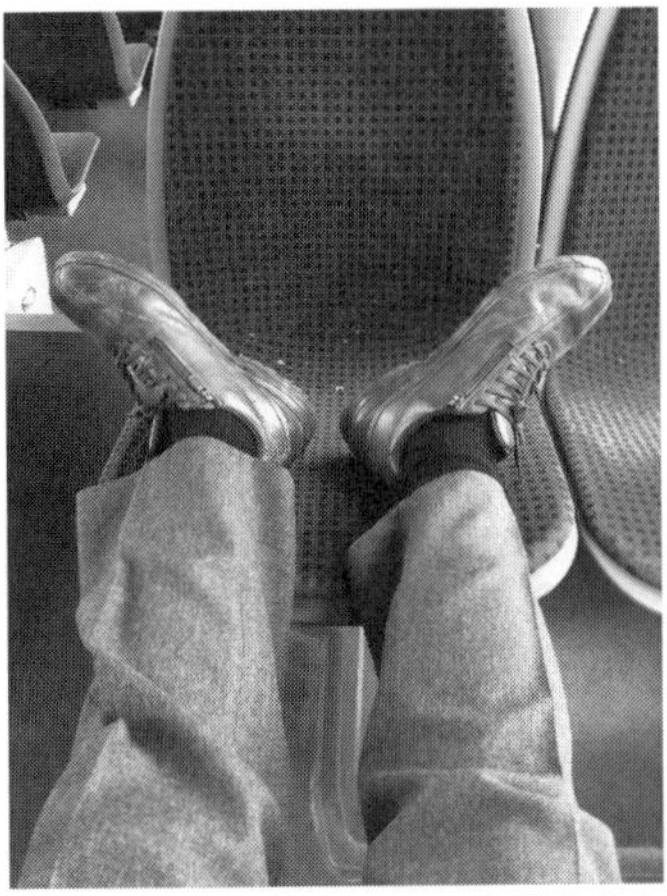
足を投げ出して座る。ちょっとドキドキ

のバスには、向かい合わせで座ることのできる座席がありました。日本でも、ＪＲの列車などには、そのような座席がありますね。その片方に座った人が、向かい側の座席に両足を乗せているのです。しかも靴を履いたまま。とても驚きました。初めて見る光景です。

「靴を脱ぐ」「足を投げ出す」などについての習慣の違いかも知れません。ですから、カナダではそう違和感のないことなのでしょうか。「困ったことだ」と眉をひそめる人もいませんし、じろじろ見る人もいません。もちろん、注意などしません。実はこのことを、『日本とカナダの違い』というプレゼンで取り上げました。先生はそれを聞いてしかめ面。カナダでもいろいろな捉え方があるのでしょう。私にとっては厳禁の行為。座席を靴で汚さないということは、子どもの時から厳しく言われてきました。ですから、このシーンは、やはり驚きの光景でした（その後、カナダ流に慣れてきた私は、この座り方を試してみました（写真）。ちょっとドキドキしましたが。もちろん、何も言われませんでした）。

さて、このバスでの体験を、ある心理学の先生に話したことがあります。そこから、日本人とカナダ人の違いに話が及び、彼女はこんな単語を教えてくれました。それは「インディヴィデュアリズム（individualism）」と「コレクティヴィズム（collectivism）」です。辞書には、それぞれ「個人主義」「集団主義」という訳語があります。カナダ人はより個人主義的だし、日本人はより集団主義的ではないのか、と彼女は言うのです。「六〇パーセントくらいの人は、他人の目を気にしないよ」とも言っていました。逆に言うと、日本でよく言われるのは、「同調圧力」。帰国後三年半経つ中で日々感じていますし、帰国直後よりは人の目が気になるように。

これはとてもよくわかる話でした。確かにカナダでは「自分のことは自分で責任を持って」といわんばかりの対応があちこちであります。先にも触れましたが、大学に登録してある個人情報です。日本では、通常アクセスできないデータだとは思いますが、ブロック大学では自分で加筆・修正することができました。「自分で責任を持って管理しなさい」と言われているようで、「大学からの連絡が届かなくても知らないよ」とでもいうのでしょうか。これも書いたことですが、大学への入出金記録や学期途中の成績も、各自で見ることができます。さすがに、これらの編集はできませんが。もう一歩さらに踏み込むならば、「自分の責任なのだから、他人は黙っていて」とでもいうのでしょうか。タトゥーや同性のパートナーなどです。

つまり、自律的な指向がとても強い、また自己判断・自己責任がより問われる、そんな社会だったような気がするのです。別の見方をすれば、自分を発揮し易い、自分の思うように生き易い、ということも言えるのでは。一人一人が自分の前を見てずんずん進む。ということは、まず自分から動くことが前提されている、待っていても向こうからは構ってくれない、ということも。そうすると、トラブルへの対応もそうなってきます。これまでにも書きましたが、言葉の不自由さ故の不利益には、黙っていることができなかった私。こういう「自己責任」の構造が、その想いに拍車をかけたのかもしれません。自分で解決しなければ！　そのために、トラブルには黙っていてはならない！　このような社会のありようが、トラブルへの前向きな姿勢を、後押ししたのだと思います。

「それは私の仕事ではありません」……しかし

彼女の手には、電話番号を書いた紙片が。そこへ電話してと言うのです。

窓口で何かを聞き、こういう電話番号のメモをもらったことが、少なくとも二度ありました。一つは前に書いたのですが、バス・ターミナルのカウンターに「手袋をバスに忘れたのですが」と申し出た時のことです。「ここでは忘れ物は取り扱っていません。忘れ物は、全てバス管理事務所に集められます。だから、そこに聞いて」と、そこの電話番号を渡されました。あらかじめ、小さな紙片にコピーしてあるのです。管理事務所に繋ぐ対応が多いのでしょう。もう一つは、運転免許証を取得しようとした時です。「サービス・オンタリオ」という役所に行けばよいと聞いたのでそこへ。すると、外国人への免許証の発行は「ドライブ・テスト」という役所に行けと言うのです。窓口で、そこの電話番号を教えられました。「またか」とは思いました。

それぞれに、仕方のない対応なのかも知れません。けれども、日本でならもう少し対応が違うのでは。少しは助けてもらえるように思うのですが。けれども、カナダは違いました。「それは私の仕事ではない。だから他に行って！（ピシャリ）」というわけです。そして、電話番号を渡されるのです。

ただ、大学が休みに入る五月の初めに、突然バスの定期券が使えなくなったときのことです。ＥＳＬコースの相談窓口では解決できず、コースの責任者（ジェフリー）宛にメールを直接送るように言われました。またかと思いながらメールを送ります。すると、それはコースの責任だということで、六日間のバス代三一ドル（約二六〇〇円）を現金で払い戻すように、すぐに取り計らってくれました。免許証もドライブ・テストでしかかるべき担当者に対応してもらいましたが、丁寧にキチンと扱ってもらえました。*1

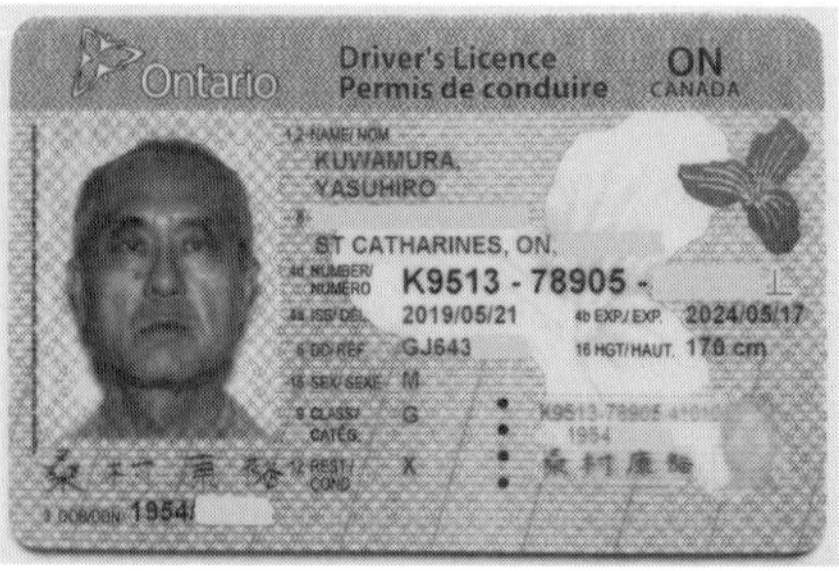

カナダの運転免許証。身分証明書として、とても役に立った

違う担当者に言ってしまうと、しかるべき所に行けといわれる。しかし、その担当者に矢が当たれば、キチンと責任を持って処理してもらえる。日本では、たらい回しのあげく、解決しないということもあるのでは。「しかるべき所に行けば、キチンと処理してもらえる」。カナダとは、こういう国だという印象を持ちました。

＊1　この写真付きの免許証は、カナダ製の身分証明書として、あちこちでとても役立ちました（写真）。

3　外国語理解の未熟さ ―「言葉」の体験―

「塩を取ってください」

「パス・ミー・ザ・ソルト（Pass me the salt.）」（塩をとってください）と頼みました。ホームステイ先で、食卓を囲んでいる時です。少し遠くにあった塩を取って欲しかったのです。取ってはくれましたが、スティーブが私に、「Yasu.『マジック・ワード』が付いていないね」と言うのです。「マジック・ワード?　何のこと?」。怪訝《けげん》な顔をする私。そこにいた、イギリスでの生活体験のある同宿の日本人学生には、分かったようでした。「プリーズ・パス・ミー・ザ・ソルト」というふうに、プリーズを付けて、とスティーブは言っているのです。

えっ！と驚く私。「何かを頼む時は、命令形を使う。命令形というのは、動詞の原形を使う」というのが、学校で習った私の英語の知識。「学校で習った通りに」と、これまではそのように言ってきたのですが……。分かってきました。プリーズがないと、「塩をとってくれ！」とか「塩取って！」というぞんざいな言い方になってしまうようなのです。「そんなことは、学校で習ってないよ」というのが、その時の正直な私の気持ち。この「パス・ミー・ザ・ソルト」という言い方は、中学生の時に英語の授業で習いました。聞いた瞬間、「かっこいい言い方だ」と思いました。「ボールを『パス』する」という時の動詞パスを、「食卓の塩を渡して欲しい」という時にも使うのです。ちょっと感動した私は「いつか使ってやるぞ！」と心密かに思っていたのです。しかし、「命令形」に対する見方が、これ以降ガラリと変わりました。これは危ない表現だ！と。

さて、帰国後に、『ラジオ英会話』（ＮＨＫ）という番組を聞くようになりました。面白い講座なので、講師の先生の教え方に関心が湧き、彼の書いた英文法の本も読んでみました。すると、なんとこんなことが書いてあるのです。見やすくするために少し言葉を省略し、さらにカタカナの読み方を書き足してご紹介します。[*1]

——依頼の表現

a　Pass me the salt.（パス・ミー・ザ・ソルト）
b　Will you pass me the salt?（ウイル・ユー・パス・ミー・ザ・ソルト？）
c　Would you pass me the salt?（ウッドゥ・ユー・パス・ミー・ザ・ソルト？）

aの命令文。もちろん丁寧さのカケラもありません。高圧的な物言いです。b→cとすすむにつれ丁寧さがあがってきます……。

と。さらに、

――赤の他人に『丁寧だ』という印象を与えたいならば
Would you please……?（ウッドゥ・ユー・プリーズ……？）
レベルの丁寧さが不可欠です。

とまで書いてあるのです。

知りませんでした。「パス・ミー・ザ・ソルト」という言い方が、高圧的だということ。b→cと進むにつれ丁寧さが上がるということ。この本に渡航前に出会っていれば、気持ちよくあれこれと頼めたのでは。さらには、カナダでのコミュニケーションがもっとスムーズになったのではと思います。英語には英語なりの、微妙なニュアンスや気持ちを伝える言い方がある、ということなのですね。留学の体験を通じてなにかしら感じていたものの、「そうだったのか！」という思いを強くしました。

＊1 『ハートで感じる英文法・決定版』（大西泰斗、ポール・マクベイ、NHK出版）の一二七〜一二八ページです。なお、省略しないもとの英文は次の通りです。
b Will (Can) you pass me the salt?
c Would (Could) you pass me the salt?
Would (Could) you please……?.

書留郵便が届かない

日本からの書留郵便が届きません。妻に頼んだ「国際運転免許証」[*1]が、予定の日数を過ぎても届かないのです。まだかまだかと思うあまり、失礼とは思いながらも、スティーブの家に来ていた郵便物を見せてもらっていました。その中に、書留郵便の「不在通知票」が。ところが、宛名はスティーブ、私ではありません。家に誰もいなかったので、郵便屋さんが置いて行ったのです。日本と同じです。ただよく見ると、そこに記載された追跡番号は、「RR○○○○○○○○JP」（傍点筆者）となっています。JPは日本のこと。もしや、これなのか?!

渡航して五ヶ月目、一月初めのことです。国際運転免許証を日本で妻に取ってもらい、日本の運転免許証とともに郵送してもらいました。もちろん書留です。ところが、標準の配達日数を過ぎても到着しません。とりわけ日本の運転免許証は心配です。ところが、何かの手違いでスティーブ宛に来ているようなのです。これをどのように彼に話そうかと考えました。日本語でなら、言葉を尽くし、礼を尽くし、相手の気持ちを害することのないように、このように言うのではと思います。

「大変申し訳ないのだが、日本からの大切な書留が大変遅いので心配になり、お宅に来ている郵便物を失礼とは思ったのだが見せてもらっていた。その中に、書留の不在通知票があり、追跡番号を見ると、JPという記号が付いている。日本からの書留が郵便局でどうも留まっているようなのだ。スティーブ宛の不在通知票なので申し訳ないけれども、代わりに私に取りに行かせてもらえないだろうか」と。

しかし、ここまでのことを英語で表現することが、その時にはとてもできませんでした。しかし、思い切ってスティーブに頼みました。「申し訳ないが……」という気持ちを伝えることができずに、ストレートに内容だけを伝えることになってしまったのでは、と思うのです。スティーブは幸い鷹揚《おうよう》な人だったので、その不在通知票を私に託してくれました。すぐに郵便局へ。やはり、妻が私宛に送ってくれた書留便。国際運転免許証と日本の運転免許証とをやっとのことで受け取ることができました。もうすこし遅かったら、日本へ返送されてしまうという保管期間ギリギリでした。封筒を見て、不在通知票の宛名がスティーブになっていた理由が分かりました。英語の知識が足らず、「○○様方△△」の書き方が反対になっていたのです。[*2]

またこんなことも。それは渡航して四ヶ月後の一二月末。妻をカナダに呼んだ時です。空港まで迎えに行かなければなりません。トロントの空港までは、スムーズに行ったとしても車で一時間かかります。スティーブに車を出してもらうのが一番です。頼もうかどうか私は躊躇しました。往復二時間の迎え。それを頼むための、丁寧な言い方が分からなかったのです。思い切って頼むと、スティーブは快く引き受けてくれました。ありがたかったです。今なら、丁寧な頼み方が頭に浮かんでくるのですが、その時はとてもできませんでした。

英語への、それまでの私の捉え方。それは、「英語というのは単純な言語だ。イエス・ノーがはっきりしていて、意思疎通にはとても便利。日本語のような微妙な言い回しは不要なのだ」というものでした。いえいえ、それは全く違ったのです。こんな捉え方では、誤解やすれ違いが生まれるのは当然でした。そりゃそうです。人間が使う言葉なのですから。相手の気持ちをおもんぱかり、気を遣って、自分の意志を伝える。それが言葉ですね。そういう英語での言い回しがあったのです。それを知らなければ、ものを頼むこともできない。この留学により、私の英語への見方は変わりました。それはなんと「英語も日本語も、根っこは同じだ」と。

＊1　オンタリオ州では、国際運転免許証は六〇日以内しか使うことができませんでした。それを過ぎると、車の運転にはカナダの運転免許証が必要です。取得には費用と時間がすこしかかりますが、日本の運転免許証があれば書類の手続きのみで取得することができます。先に書いたように、私は取得し

ました。

＊2　「○○様方△△」の書き方。英語では、「c／o」を使うのですが、

（正）「桑村康裕　c／o　スティーブ・コリンズ」

と、この順序で書くのが、英語での正しい書き方です。先に書く名前が、最終の受取人。日本とは順序が逆になります。それを知らずに、日本流の順序で、

（誤）「スティーブ・コリンズ　c／o　桑村康裕」

と書いてしまっていたので、受取人はスティーブに。それで、不在通知票も彼宛に。私が、間違った宛名の書き方を妻に教えたのが原因でした。

日本語は意識せずに使えるが……

「おめでとうございます」は「コングラチュレーションズ！」。「私は知りません」は「アイ・ドント・ノウ」。このくらいの英語ならほとんど無意識に、その場で使うことができますね。けれども、少し込み入ったことを英語で語ろうとすると、そうはいきません。先ほどの、何か頼み事をする場合などです。

外国で生活する以上、言葉のトラブルは避けることができません。前節の「塩を取ってください」と「書留郵便が届かない」に書いたのは、その中でも一番印象に残っている言葉でのトラブル、困りごとです。そして、そのトラブルの中でこんなことを感じました。それは、「私

たち日本人は、日本語をほとんど意識することなしに使っているのでは」ということです。当たり前！と言われそう。もちろん、込み入ったことや、気を遣う相手に話す時は、事前に頭の中で言ってみますよね。しかし、普段の会話では、日本語をほとんど無意識に使っているのでは。

しかしです。英語はそうはいきません。「塩を取ってくれませんか」と言いたいとき、頭の中で一瞬ではありますが、「翻訳」という作業をするのではないでしょうか。反射的に話せるということが、英語力が高いということなのでしょうが。しかし、私の英語力はそうではありません。ネイティブとスムーズな会話をするためには、たくさんの会話文を覚え、その引き出しから瞬時にかつ自由に取り出せる状況にならなければ。しかし、この域に達するには、何年もかかるようで、クロアチアから移民してきたキャットは、「英語の自由な会話ができるようになるまでに、七年かかった」と言っていました。

母国語でない言語で生活することが、これほどのストレスを伴うということは、初めての体験でした。目が覚めている間、カナダ人と会話するのに、常にこの翻訳作業をしなければならなかったのです。無意識に発することのできる日本語、それに対して意識しなければ発することのできない英語。日本で生まれ育つということは、日本語が脳に深く深く浸透しているのでしょう。脳細胞そのものが、日本語の脳細胞になっているのでは。「日本人が母国語の日本語を発することは、自然にできてしまう。しかし、英語はそうではない。意識的に発しなければならないのだ」と、こんなことを感じた次第です。当たり前かも知れません。しかし、やはり皮膚感覚でそれを感じたのです。

4　日本標準は世界標準ではなかった

この留学が私に考えさせてくれたこと。それは、日本標準は世界標準ではなかった、ということです。「そんなことは当たり前。今更なにを！」という声が聞こえてきます。確かにその通り。今更何を！です。ただ私の場合、それを肌身で実感したのです。繰り返しになるかも知れませんが、この観点から振り返ってみます。

まずは、家事をする男性のスティーブ（ホスト・ファーザー）。スティーブの家には一一ヶ月いました。カナダの一年間（一回り）の家庭生活を実体験することで、彼の家庭生活に肌身で触れることができました。

カナダが自己責任社会だということ。一人一人の自由度が日本よりも大きい分、「その責任を自分で引き受けるのだ」という姿勢を、あちこちでひしひしと感じました。そういう雰囲気の中で出会ったゲイの男性。自らの人生は自分で切り拓くという姿勢を、そこには感じるのです。私は、彼の人格を今でも自分の身近に感じていますし、そんな彼を尊重したいと思います。トルドー首相のタウン・ミーティング。現在の日本の首相は、岸田文雄氏。その前は、管義偉氏や故安倍晋三氏です。この人たちが大学に来て、自由参加の一般の人一五〇〇人と、タウン・ミーティングをする。実のある話し合いをしたい（したかった）とは思いますが、時と場合によっては、「帰れコール」も？

グレープ・ストンピング。日本では考えにくい行事です。世界には、食べ物にまみれるお祭り（イベント）が確かにあります。ナイアガラという、とてもとても豊富にブドウが採れるところだからこそ、できること。きっと、そういう地理的・文化的背景があってのイベントですね。私は、ブドウを投げ合いました。体を汚し、胸で滑り、頭を打ち、汁を垂らして大学の校舎を歩きました。それも、学長と一緒に。貴重な「異文化」体験です。

ボランティアで出会った女性のリーダー。日本の地元地域でも、女性の小学校校長、教頭が増えてきていますし、地域のコミュニティのリーダーにも女性が現れました。急速に広まるジェンダー平等。といっても、政治の分野では、女性の少なさがまだまだ際立っていますが。「尊重」ということではこんな場面がありました。スティーブの家で、郵便物のことでちょっとした話し合いをしました。その中で「アイ・リスペクト・ユー（I respect you.）」と彼は私に言ってくれたのです。リスペクト（respect）には、「尊敬する」という意味と「尊重する」という意味がありますね。スティーブは私のやり方・生き方を「尊重する」と言ってくれたのです。相互尊重の精神です。日本でも、当たり前といえば当たり前の精神なのですが、改めて話題に上ることは少ないのでは。自分の生き方や、やりたいこと、領分を大切にするが、他人に対してもそれらをキチンと擁護する。カナダはそんな社会だったと思うのです。ですから、ゲイをその人の生き方として感じ取ることができた。他人を尊重するという雰囲気の中で、ゲイの方と一年間の大学生活を送れたことを幸せに思います。私のLGBTQへの感じ方を成長させてくれました。

タトゥー（入れ墨）も「尊重する」という観点から見れば、やはり今までとは違ったものに見えます。タトゥーをオシャレとして入れている人たちと一年間ともに過ごすことができたという体験が、タトゥーへの私の感じ方を変えてくれました。タトゥーへの感じ方の違いを、肌身で体験できたわけです。

他にも、「日本標準」を裏切るような体験はいろいろあります。スーパーで水筒を買いました。ところが、陳列棚に表示されている値段とレシートの値段が違ったのです。それをレジに申し出ました。すると、なんとその水筒がタダになったのです。「陳列棚の表示が間違っていたら、タダになる」というのが、カナダの商習慣。その時は、狐につままれたようでした。日本では、店の謝罪はあってもタダにはなりません。ATMへの入金でお札を封筒に入れるのも、

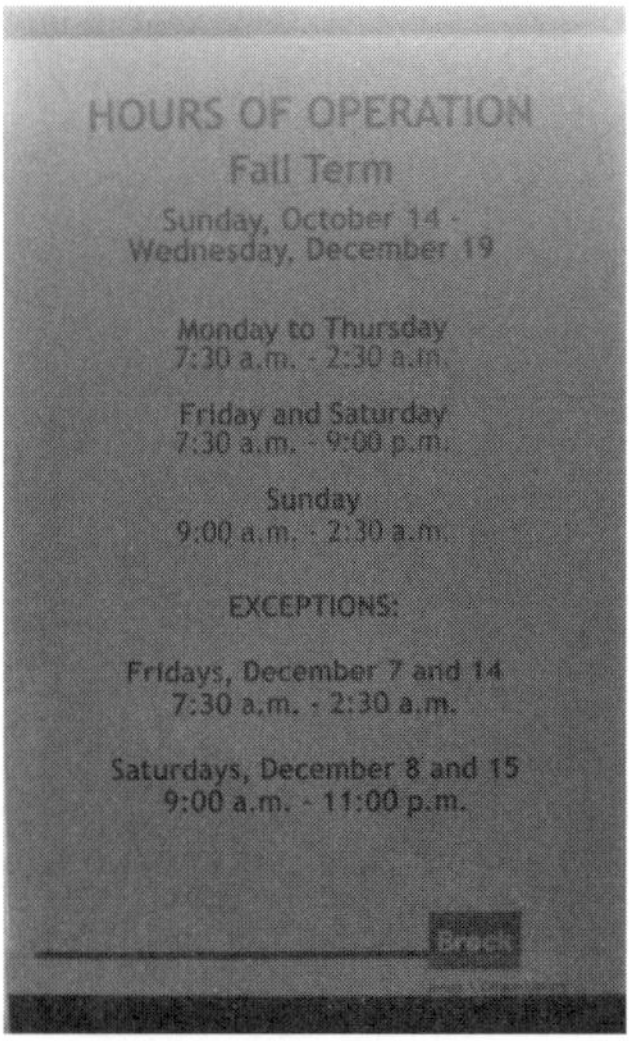

大学図書館の利用案内。月曜〜木曜と日曜は深夜2：30まで利用可

日本では経験がありません。

大学の図書館へ行ったときです。ペットボトルの水を、館内で学生が飲んでいるのです。「水を持ち込んで飲んでも良いのか？」とカウンターの図書館員（インターンシップ学生）に聞きました。「この人、何を言っているの？　当たり前じゃない」と言わんばかりに、笑いながら彼女は「いいですよ」と答えました。いい気持ちではありませんでしたが、当たり前すぎることを問われて、困ったのでしょう。さらに、開館時間も深夜二時半まで（写真）。

地元の公立図書館ではこんなことも。自動貸出機の横に、クレジット・カード用の支払機があるのです。返却期限を過ぎた時に、なんと罰金を支払うためのもの。日本では考えられません。借りていたものによって額は様々。一日につき、一〇セント（約八・五円）から二ドル（約一七〇円）まで。実は私も二ドル払うことになったのですが。

「シャワー」についてもこんなことが。渡航前は、「湯船につかるタイプの風呂でないと、疲れが取れないのでは？」とずいぶん心配を。しかし、ホームステイ先には一軒目も二軒目も、シャワーしかありません。やむなくシャワーのみの生活です。ところがです、体が慣れてしまったのです。シャワーだけでも問題なく生活できるようになってしまいました。不思議でした。お湯につからないとダメだという先入観があったのでしょう。帰国後は、シャワーで済ますことが増えてきました。

というふうに、いくつもの点で「日本標準は世界標準ではない」ということを、肌身を持って体験してきたのです。私たちが当たり前と思っていることは、住んでいる環境の中で自然に培われてきた感覚なのかもしれません。それは、知らず知らずのうちに身についてしまっている感覚なのでしょうか。逆に言うと、それこそが歴史や風土なのかもしれませんが。現状を当たり前と捉えず、批判的に見直してみる。今頃何を言っているのか、といわれそうですが。

当たり前だと思ってきたこと。それは「日本のみの標準」だったのです。様々な感じ方や考え方、さらには違う標準が世の中にはあるのですね。こういうことを、一年間の苦闘ともいえる生活の中で、肌身を持って体験できたことが、大きな収穫だったのではと思います。

自分自身の頭で考えてみる。今では、こんなことを自分自身に言いきかせることが、増えてきたように思います。

あとがき

1年間のカナダでの苦闘。帰国してきたらある方から「むこうでは羽を伸ばしてきたのでしょうね」と言われました。とんでもない。毎日毎日、いや、一瞬一瞬が苦闘の連続でした。海外での生活体験、語学の習得。これが、私の留学の目的。語学の習得は、これでやっと緒に就いたばかりでしょうか。本文中で紹介した英文法の本にも、

——みなさんには今まで見えていなかったネイティブの英語が見え始めています。道ははるか。だけどね、イメージがみなさんの道のりを今までよりもずっと楽しく、ずっと気楽なものにしてくれるはずですよ。

（『ハートで感じる英文法・決定版』（前掲書）一九二ページ）（傍点は筆者）

という記述が。英語の習得。本当に道は、はるかだと思います。

国が違えば文化が違うということ、それは当たり前。しかし、この留学を通じてその違いを肌身で感じることができました。そして、さらに「同じ人間なんだなあ」という思いも持ちました。生活体験からも、語学の学習からもです。ただ、ここに書いたカナダ文化の理解には、印象に走ってしまい実態を見ていないのでは、というお叱りを受ける点もあるのではと恐れます。もしそうであるなら、どうかご容赦ください。また、帰国後三年半が経過し、「カナダは先進国なのだ」という見方にも、やや距離を置くようになりました。そこには、やはり私たちの主体的な判断が必要なのでは。

出版までご指導いただいた、『日本自分史センター』（春日井市・文化フォーラム）の芳賀倫子先生。初めて自分史センターを訪れたのは二〇二一年三月。コロナ禍で相談できない月もありましたが、最後の相談は二〇二三年四月。二年間に渡り、月に一度ずつ、執筆をご指導いただきました。つたない原稿に粘り強く付き合っていただいた芳賀先生、本当にありがとうございました。また、一年間の留守を預かってくれた、妻（竹内秀代）。渡航した年の一二月には、彼女とともにイエローナイフ（カナダ北西部）を訪れ、幸運にもオーロラを見ることができました。そこは、マイナス二九度の極寒の地。木材は育ちにくく、建築用材の価格が高いことにも彼女は関心があったようです。彼女には、渡航中に必要なものを送ってもらう、その時々の日本の様子を教えてもらうなど、欠くことのできない様々な援助をしてもらいました。このお二人がいなければ、この本は出版することができませんでした。また、原稿を読んで貴重な指摘をしてくれた、竹内勇気（長男）さん、桑村大（次男）さんにもお礼いたします。

そして、芳賀先生が講師となっておられる『かすがいエッセイクラブ』の皆さん、この月例会で発表した作品もこの本には含まれています。みなさんのご指摘や、ご感想、さらには五年以上にわたるそこでの触れ合いや励まし、そのような、みなさんとのお付き合いがなければ、やはりこの本は書けなかったと思います。クラブの皆さんにも、この場を借りてお礼申し上げます。

最後に、常に「野とともにあり」を社是に掲げる風媒社の劉永昇編集長には大変お世話になりました。ありがとうございました。

なお、本文中のお名前につき、仮名にさせていただいた方もおられることを、お断りしておきます。

医療の記録

NO.	受診日	症状	医療費	内訳	自己負担(円)	医療機関	備考
1	2018. 9. 7	足の捻挫	6,670円	診察	0円	ウォークイン・クリニック	
2	9.27	かぜ	10,630円	診察	0円	〃	
			1,630円	薬	50円		薬代の一部
3	10.21	インフルエンザの予防接種	6,380円	注射	0円	〃	
4	2019.1.18	唇の荒れ	10,630円	診察	0円	〃	
			3,630円	薬	400円		薬代の一部
5	3. 4	胃のもたれ	10,630円	診察	0円	〃	
			2,610円	薬	0円		
6	3.18	胸の強打(3日間)	10,630円	診察	0円	〃	
	3.19		8,500円	X線	0円	X線撮影専門の施設	別途請求
	3.20		10,630円	診察	0円	ウォークイン・クリニック	X線の結果説明
			3,180円	薬	1,730円		薬代の一部
7	4. 2	前歯を折る	6,200円	診察、X線	260円	歯科医院	別途請求
	4.16	前歯を折る	13,430円	診察、X線	0円	歯科医院(専門医)	
計(※1)			105,380円		2,440円		

8	3.7〜4.11	入れ歯の作り直し(5日間)	127,000円	入れ歯	(※)101,260円	歯科技工士	25,740円補償

・「1」〜「7」は、ガード・ミー保険の記録を元に作製しました。
・「1」〜「7」の医療費は計105,380円、窓口負担は計2,440円。差額は、ガード・ミー保険で補償されました。
・「8」の補償は、日本の健康保険からのみです。101,260円を自己負担しました(※)。
・「1」〜「6」のウォークイン・クリニックでの医療費は、薬の一部負担を除き、窓口での支払いは不要でした。クリニックがガード・ミー保険に直接請求してくれました。但し、「6」のX線と、「7」の歯科医療費は保険会社に対して別途の請求が必要でした。
(「7」の歯科医療費はカナダの公的保険では、補償対象「外」です。しかし、大病院に行けば、公的保険で全額補償されます。私は、2日分とも、ガード・ミー保険でほぼ全額補償され、自己負担額は260円でした)

[著者紹介]
桑村康裕（くわむら　やすひろ）
1954年、京都府京丹後市（旧峰山町）生まれ。京都工芸繊維大学大学院修士課程修了。京都府立八幡高校で6年間、星城高校（愛知県・私学）で26年間、数学科教諭として教鞭を執る。2015年退職。私立高校在職中は、愛知県私立学校教職員組合連合（愛知私教連）の活動にも関わる。

63歳の挑戦　カナダってなんだ！

2023年6月30日　第1刷発行　（定価はカバーに表示してあります）

著　者　　桑村　康裕

発行者　　山口　章

発行所　名古屋市中区大須 1-16-29
振替 00880-5-5616 電話 052-218-7808　風媒社
http://www.fubaisha.com/

＊印刷・製本／モリモト印刷
乱丁本・落丁本はお取り替えいたします。
ISBN978-4-8331-5447-5